钱基博自述

钱基博　著

泰山出版社·济南·

图书在版编目（CIP）数据

钱基博自述 / 钱基博著. -- 济南：泰山出版社，
2022.12

ISBN 978-7-5519-0739-2

Ⅰ . ①钱⋯　Ⅱ . ①钱⋯　Ⅲ . ①钱基博（1887—
1957）—自传　Ⅳ . ① K825.6

中国版本图书馆CIP数据核字（2022）第167800号

QIANJIBO ZISHU

钱基博自述

责任编辑　程　强
装帧设计　路渊源

出版发行　泰山出版社
　　　　　社　　址　济南市泺源大街2号　邮编　250014
　　　　　电　　话　综 合 部（0531）82023579　82022566
　　　　　　　　　　出版业务部（0531）82025510　82020455
　　　　　网　　址　www.tscbs.com
　　　　　电子信箱　tscbs@sohu.com
印　　刷　山东新华印务有限公司
成品尺寸　150 mm×230 mm　16开
印　　张　12
字　　数　150千字
版　　次　2022年12月第1版
印　　次　2022年12月第1次印刷
标准书号　ISBN 978-7-5519-0739-2
定　　价　39.00元

凡　例

一、本书收录了作者的相关经典文章或片段，主要展现了作者的学术历程或情感操守等。

二、将所选文章改为简体横排，以适应当代的阅读习惯。所选文章尽量依照原作，以保持文章的时代原貌，有些地方参照当下最新的整理成果进行了适当修改。

三、所选文章没有标题或者标题重复的，编辑时另行拟加或改拟。个别文章为相近内容之汇辑，另拟新题。

四、对有些当时使用的文字，如"的""地""得""化钱""记帐"等，均一仍其旧。

目录

自 传

　　钱基博，字子泉，又字哑泉，别号潜庐，江苏无锡县人，生于民国纪元前二十五年。以废历二月二日生，与孟子同生日，兄弟五人，而次居四，与弟基厚孪生。五岁从长兄子兰先生受书；九岁毕《四书》《易经》《尚书》《毛诗》《周礼》《礼记》《春秋左氏传》《古文翼》，皆能背诵；十岁，伯父仲眉公教为策论，课以熟读《史记》、诸氏唐宋八家文选。而性喜读史，自十三岁读司马光《资治通鉴》、毕沅《续通鉴》，圈点七过；而于历代地名，必按图以索，积久生悟，固以精贯顾祖禹《读史方舆纪要》一书，下笔缅缅，议论证据今古。十六岁，草《中国舆地大势论》，得四万言，刊布梁启超主编之《新民丛报》。又以己意阐发文章利钝，仿陆士衡《文赋》，撰《说文》一篇，刊布刘光汉主编之《国粹学报》；意气甚盛。而父祖耆公以家世儒者，约敕子弟，只以朴学敦行为家范，不许接宾客，通声气。又以科举废而学校兴，百度草创，未有纲纪，徒长嚣薄，无裨学问。而诫基博杜门读书，毋许入学校，毋得以文字标高揭己，沾声名也。顾江西提法使陶大均睹其文章，骇为龚定庵复生。招之入幕，从容讽议，而不责以治事。大均早年受业遵义黎庶昌，于湘乡曾文正公为再传弟子，好诗古文词，独许基博文，以为得曾文正所谓阳刚之美；月薪白银百两，尤为优赡。而基博悉以奉父，衣冠敝旧，不改于初。或问何自苦乃尔。或亦誉为少年老成。而基博则应之曰："余年少，又自知嗜欲过人；稍一纵恣，惧回头不得；今手中不留一文钱，欲束身自救以不入于惛淫耳！"同幕作客，咸有所欢。或逢宴会，挟以娱嬉，合尊促坐，男女同席。而基博捧杯微饮，神志湛然。一日夜半，睡酣，大均使召入见。以为有所咨也；亟披衣起。至则幕僚纷侍，大均指一粲者，语曰："此花榜状头，驰誉旧矣！昼招则人言可畏；故不卜昼而卜夜。君不可不一盼睐！"基博默然，徐曰："公以风宪官而长夜召妓，岂所以仪刑百僚？"遂趋以出。同座哗笑以为迂儒。大均止曰："毋然！此君子！"明日诣谒，长揖谢曰："君少年如此，乃令我辈愧死！然微君不能诤我！亦微我不能容君！"自是不复召妓。休休有容，于大均见之焉。时为民国纪元之前二年也。

迨辛亥革命军兴，同县顾忠琛方以苏浙联军总参谋，攻克南京，延治军书。历任援淮军司令部陆军第十六师副官参谋，授职陆军中校，调江苏都督府。戎马仓皇，未尝废文史。《吴禄贞传》，席地为草；文出，一时传诵，咸以为传神阿堵，如见生平也。时革命新成功，同事者罔不恣意声伎以歌舞升平；迨日之夕，军部寂无人焉。基博独留守，挟册吟讽，中宵琅琅；卫兵值守门外，未尝不窥而怪焉，或指语以为笑乐。既而民国二年，第二次革命失败，直隶都督赵秉钧、江苏都督冯国璋知其素长者无与，又有诤议，皆以秘书为招。基博自以奉职南方军府，丈夫立身，岂容反复；议论异同，只以救世难而非以图身利。又目睹世乱方兴，飞书走檄，不过以文字为藩府作口舌；文章不以经国，而荛言乱政，匪所思存；谢不往也。会无锡县立第一小学国文教员缺。校长顾祖瑛欲以延之；而月薪二十元，每周任课二十四小时。祖瑛以基博文章有高名，而自二十岁奔走江南北，月薪常在二百金以外；又知其有赵氏、冯氏之招；若以为不足辱也，辞颇嗫嚅。基博笑曰："君何浅之乎测我也！吾家三世传经为童子师；何所不足于我乎！"既莅事，祖瑛又虑其才高意广，或不屑意于此也。而基博熟讲勤改，诸生翕服；在职二年，未尝一日旷课。祖瑛则大喜过望；而基博亦怡然有以自得也。每语人曰："吾从前月薪二百，往往萧然块处，时有遐思；而今则哓口瘏音，自朝至于日中昃不遑，乃益以此收放心焉。呜呼！吾知勉矣！"自此委身教学，二十二年以来，历任无锡县立第一小学国文、史、地教员，吴江丽则女子中学国文教员，江苏省立第三师范学校国文经学教员及教务长，圣约翰大学国文教授，国立清华大学国文教授，第四中山大学中国语文学系主任，私立无锡国学专门学校校务主任，光华大学中国文学系主任及文学院院长。其为教也，必诚必信；以为卷怀不可以宏道，乃开诚以示物；显言不可以避患，故托古以明义；务正学以言，无曲学以阿世。徒以二十年来，学潮激荡，长傲纵欲；大师或相诡随，亦与为亡町畦。而基博所至，则常思树立师范以矫一世之枉；每太息曰："昔人媚道以干时君，人知其佞矣！而今之大人先生，乃不屑枉己以容悦不学之后生，我其谓之何哉！"独严气正性，不与诸生为翕翕热。每莅讲室，危言激论，大声发于座上，时亦杂以诙嘲，呻其占毕，多其讯，从学者初惮其严，久则相悦以解；虽持论侃侃，而历小学以至大学，未尝有扞格之学生焉。

基博论学，务为浩博无涯涘，诂经谭史，旁涉百家，抉摘利病，发其阃奥。自谓集部之学，海内罕对。子部钩稽，亦多匡发。而为文初年学《战国策》，喜纵横不拘绳墨。既而读曾文正书，乃泽之以扬马，字矜句炼；又久而以为典重少姿致，叙事学陈寿，议论学苏轼，务为抑扬爽朗。所作论说、序跋、碑传、书牍，颇为世所诵称；碑传杂记，于三十年来民情国故，颇多征见，足备异日监戒。论说书牍，明融事理，而益以典雅古遒之辞出之，跌宕昭彰。序跋则以生平读书无一字滑过，故于学术文章得失利病，多抉心发奥之论。湘乡曾广钧读其文而诧叹焉；既则贻以书曰："吾子上说下教，虽强聒而不舍，然而仆睹子之学必不大。何者？熔史铸子，裁以昌黎，从前推孙渊如有此萌芽，钱竹汀略创轮椎。吾子益运以豪气，扛以健笔；四十岁后，篇题日富，必能开一文派；特惜言皆有物，较空言格律及虚神摇曳者有难易之分；造诣虽宏，徒侣必不能广耳！"南通张謇以文章经济，为江南北士流所归重；及读基博文而叹曰："大江以北，未见其伦！"吴江费树蔚曰："岂惟江北，即江南宁复有第二手！"而謇尤广为延誉。闻者或疑阿私所好。而不知基博未瞻一面，未通一书。兴化李详论文不囿风气，好称子部杂家之学；顾于并世文人，少所许可；尤力诋林纾，以谓："观其所译小说，重在言情，纤秾巧丽，浮思古意。三十年来，胥天下后生，尽驱入猥薄无行，终以亡国。昔人言王、何之罪，浮于桀、纣。畏庐之罪，应科何律！畏庐既以此得名，可以已矣；而又高论文章，因择举世所宗，又为时贵意旨倾响，复起桐城之焰，鼓之以炉鞲，势令海内学子从风而靡，一与其小说等，而其富厚之愿始毕。此仆所为不平！"而独甚推基博，贻书谓："所重足下者，能多读书而下笔轹古。畏庐债于豚上，不畏耳！若足下之虎，且相率而辟易。弟自此不敢轻量足下矣！"基博则复之曰："博生平论文，不立宗派。在曩时桐城之学满天下，博固不欲附桐城以自张；而在今日又雅弗愿捶桐城已死之虎，取悦时贤；拙著《〈古文辞类纂〉解题》，固尝微申厥旨。桐城之文，尚澹雅而薄雕镂，而畏庐则刻削伤气，纤秾匪淡，于桐城岂为当行！而气局褊浅，十五六年前，徒以博偶有掎摭，见之不胜愦愦，无端大施倾轧，文章化为戈矛，儒林沦于市道，属商务不印拙稿，而不知博本勿赖市文为生，有友人介绍博任北师大国文讲座；其时畏庐在北京文坛，气焰炙手可热，亦作臧仓，致成罢论；知者多为不平。然博以为真读书人，正当化矜释躁，征其学养。何意畏庐六十老翁，不能宏奖后进，而党同妒道若是！胜我不武，不胜见笑。博苟卓然有以自立；畏庐尸居余气，文章真赏，来者难诬，身后千秋，尚赖博为论定。而畏庐乃必欲穷之于所往，博岂遂为所穷，徒见其不自量耳！当日固以如是；岂在今日，博转欲拾其唾余，藉以自重。及畏庐身价既倒，博撰次《现代中国文学史》，平情而论，胸中既未尝有不平之气，更何必加以寻斧，效恶声之必反！故博前日于畏庐不肯降心以相从；而在时移势异之今日，亦不敢为长者张目，作寻声之骂，呵禁不祥。"而于是详服其有度也！侯官陈衍以文章娱其老寿，年八十岁，称一代宿学；而谓基博曰："四部之学，以能文为要归；而文章独以昌明博大为上。题事繁多，而措之裕如者；画家之层峦迭嶂也。后贤可畏，独吾子尔！其徒以简洁幽峭称者，皆力之有未逮，抑或其题之只以止此也。"基博谢曰："虽不能至，不敢不勉！"基博既以文章教学后生；而著述之刊布人间世者：曰《〈周易〉解题及其读法》，曰《〈四书〉解题及其读法》，曰《读〈庄子·天下篇〉疏记》，曰《韩愈志》，曰《韩愈文读》，曰《明代文学》，曰《国学文选类纂》，曰《模范文选》，曰《版本通义》（以上九种商务印书馆出版）；曰《国学必读》，曰《经学通志》（以上两种中华书局出版）；曰《后东塾读书记》，曰《现代中国文学史长编》（以上两种世界书局出版）；曰《〈文史通义〉解题及其读法》，曰《〈古文辞类纂〉解题及其读法》（以上两种中山书局出版）；曰《〈老子〉解题及其读法》，曰《骈文通义》（以上两种大华书局出版）。其他散篇，杂见《新民丛报》《国粹学报》《小说月报》《东方杂志》《教育杂志》《新教育》《清华学报》《甲寅周刊》《青鹤杂志》。自署其著书之室曰"后东塾"，盖读陈澧《东塾读书记》之作，而以明窃比之意。题楹联云："书非三代两汉不读，未为大雅。文在桐城阳湖之外，别辟一涂。"则固有以自信矣。盖商务印书馆出版宜兴张振镛所著《中国文学史分论》论次之如此。顾基博独自谓所著文章，取诂于许书，缉采敩萧选，植骨以扬、马，驶篇似迁、愈，雄厚有余，宁静不足，密于综核，短于疏证。文之佳恶，吾自得之；后世谁相知定吾文者耶！

生平无营求，淡嗜欲而勤于所职；暇则读书，虽寝食不辍，怠以枕，餐以饴，讲评孜孜，以摩诸生，穷年累月，不肯自暇逸。而性畏与人接，寡交游，不赴集会，不与宴饮；有知名造访者，亦不答谢；曰："我无暇也。"文章只以自娱，而匪以徇声气。学道蕲于自得，而不欲腾口说。不为名士，不赶热客，则中狭肠，孤行己意，而不喜与人为争议；人亦以此容之。饱更世患；又欲以宁静泯圣知之祸。长沙章士钊善持政论，有天下大名。而基博则规以书曰："昔人连称名德。名者，公所自有；德则愿以交勉！独念民国肇造，谈士蜂起。尚集权，则兆洪宪之帝政。言联邦，又启强藩之割据，民亦劳止，汔欲小休；而文士之笔杆，乃与武人之枪枝，同恶相济，祸国殃民，然后知诸葛公澹泊明志，宁静致远之为高识。老子曰：'天下神器，不可为也。'往者已矣，来者可追。倘少主张，即少纷纭。公热心人，顾献此一服清凉散！"盖素所蓄积者然也。与物无竞，而律己则严。年二十六岁，入进德会。会之成立，其大旨以革命必先革心；人有不为而后可以有为，相约以"不为"自律；最高者八不；降杂以次至三不者为末级。而基博则卑之，不敢高论，只以"不吸烟""不赌博""不狎妓""不纳妾"四事自约敕。其署名之发起人，曰吴敬恒、蔡元培，其徽章为白银心，悬当胸；银以征其纯洁，心以警其良知，蕲于精白乃心而已。当日以大力者登高之呼，而纷纷籍籍者，胥以入会为荣；迄今二十四年，而澹与相忘于无何有之乡。诸公衮衮，纳妾者不可以更仆数；其他细德出入，更无论矣。独基博齷齪小儒，乃不敢犯戒耳。每谓"君子之道，暗然而日章，小人之道，的然而日亡。而今之所谓名流者，亦既流宕忘返，骛名而不课实；言满天下，而有遗行；适见其为小人之的然而已！吾畏之远之而不欲接之！"瞻顾朋侪，独多君子。自以为节性之和，不如太仓唐文治。制行之谨，不如同县顾倬、高文海。治事之勤，不如上海王宝崙、嘉定廖世承。识度之渊，不如同县徐彦宽。学问之密，不如慈溪裘毓麟。而文事则差有一得之长。人固不易知，自知亦未易也。弟基厚，少相狎，长相爱；同居数十年，砥行论学，往往面争至发赤，而未尝言财产。顾基博性急不耐事，基厚常以知计宽之。基厚治事精整，服劳地方，内苦其心，而不求谅于人。而基博则肆志为文章以有闻四方。行事不同；而兄弟相戒，勿取非分之财，勿好不虞之誉；世极其变，我践吾常；世肆其乱，我养吾和；抱朴守醇，毋汩其性；不忮不求，何用不臧云。

《江苏教育》迭函来以索基博自传。自念行年四十九岁，庸言之信，庸行之谨，无所补于世；惭不敢应也！顾周佛海厅长则以属稿于武进刘朎侪先生。先生以告，伏念声闻过情，君子所耻。良友厚我，誉我匪实。遂撰次生平如右，不敢以饰也。时在中华人民造国二十四年四月十日，钱基博自述。

（原载于1935年4月25日《光华大学半月刊》第3卷第8期）

《国学文选类纂》总叙

《国学文选类纂》之辑录既毕，意有未申，于是濡毫吮墨以发其指曰：

《记》曰："作者之谓圣。述者之谓明。"仲尼曰："述而不作，信而好古。"博文质无底，奚所能为役！独念博学通人，希圣有作，亦有辩章学术，条析流派，以示途辙，牖方来。谨以诵览所及，写著其文，以当明述，辑为六类：曰小学之部，曰经学之部，曰子学之部，曰史学之部，曰文学之部，曰校雠目录之部。而题其耑曰《国学文选类纂》。将以宏阐国学，考镜源流，统斯文之条贯，诏学者以知方；庶几国学之管枢，文章之林囿也！倘有睹记旁逮，足备考论，见仁见知，义各有当，附之于篇，为后学治国闻者览观焉。然而鄙怀之所欲陈，则固别有在。倘挟册而以为窥国学之宏秘焉，博愿有以进之也。诚窃以为必先知"学"之涵义，而后可与国学。试条析而竟其义：

一、何谓"学"　按："学"之为言"觉"也；（《说文·教部》："敩，觉悟也。从教，从冂。冂，尚蒙也。臼声。学，篆文敩省。"《白虎通·辟雍篇》："学之为言觉也。"）"所以疏神达思，怡情理性，圣人之上务也。民之初载，其蒙未知；譬如宝在乎玄室，有所求而不见；白日昭焉，群物斯辩矣：学者，心之白日也。今心必有明焉，必有悟焉，如火得风而炎炽，如水赴下而流速，斯大圣之学乎神明而发乎物类也。"（采徐幹《中论·治学篇》）"君子博学而日参省乎己，则知明而行无过矣。"（见《荀子·劝学篇》）惟"觉"斯征"学"。惟"学"乃臻"觉"。是故言"学"者不可不知"义"与"数"之辩；知之者觉；昧之者愚也！何以言其然?《荀子·劝学篇》曰："学恶乎始? 恶乎终? 曰：其数则始乎诵经，终乎读礼；其义则始乎为士，终乎为圣人。（古人言学以圣为归。圣者，大觉至通之称。《庄子·天运篇》曰：'圣也者，达于情而遂于命也。'《说文·耳部》：'圣，通也。'《白虎通·圣人篇》：'圣者，通也。'）真积力久则入，学至乎没而后止也！故学数有终；若其义则不可须臾舍也！为之，人也！舍之，禽兽也！"此知"义"与"数"之辩者也。《汉书·艺文志》曰："古之学者耕且养，三年而通一艺，存其大体，玩经文而已；是故用日少而畜德多，三十而五经立也。后世经传既已乖离；博学者又不思多闻阙疑之义；而务碎义逃难，便辞巧说，破坏形体，说五字之文，至于二三万言；后进弥以驰逐；故幼童而守一艺，自首而后能言；安其所习，毁所不见，终以自蔽；此学者之大患！"此不知"义"与"数"之辩者也！於戏！让清乾嘉已还，学者方承惠栋、戴震诸老之遗风，袭为一种考据琐碎之学，辩物析名，梳文栉字，刺经典一二字，解说或至数千万言，繁称杂引，号曰汉学；群流和附，坚不可易；于是专求古人名物、制度、训诂、书数，以博为量，以窥隙攻难为功；若舍是不足与于"学"者！庸讵知汉学之所谓名物、制度、训诂、书数者，徒荀子之所谓"学数有终"，而无当于"不可须臾舍"之"义"也乎？古人为学以畜德，贯其义也；后儒讲学以驰说，逐于数也。虽然，荀子不云乎："君子之学也，入乎耳，箸乎心，布乎四体，形乎动静，端而言，蠕而动，一可以为法则。小人之学也，入乎耳，出乎口，口耳之间则四寸耳！曷足以美七尺之躯哉！"（见《荀子·劝学篇》）此"觉"与"不觉"之别，"君子""小人"之分也！不可不深察！不可不熟虑！

二、何谓国学　国学之一名词，质言其义曰："国性之自觉"云尔！国于天地，必有与立。而人心风俗之所系，尤必先立乎其大，深造而自有得，相以维持于不敝。其取之它国者，譬之雨露之溉，土肥之壅，苟匪发荣滋长之自有具，安见不求自得而外铄我者之必以致隆洽，扬国华也耶！是故国学之所为待振于今日，为能发国性之自觉，而俾吾人以毋自暴也！吾生四十年，遭逢时会，学术亦几变矣！方予小弱，士大夫好谈古谊，足己自封；其梯航重译通者，胥以夷狄遇之；而诩然自居为中国；以用夷变夏为大戒！于外事壹不屑措意，此一时也。"风气渐通，士知弇陋为耻；西学之事，问涂日多。然亦有一二巨子，诡然谓彼之所精，不外象数形下之末，彼之所务，不越功利之间；逞臆为谭，不咨其是。讨论国闻，审敌自镜之道，又断断乎不如是也！"（采严复《天演论·序》）此又一时也。既世变日亟，国人晓然于积弱，则又以为中国事事不如人，旧学浸以放废！于是"家肆右行之书，人诩专门之选，新词怪谊，柴口耳而滥简编；向所谓圣经贤传，纯粹精深，与夫通人硕德，穷精敝神，所仅得而幸有者，盖束阁而为鼠蠹之久居矣！"（采严复《涵芬楼古今文钞·序》）然而行之二十年，厥效可指：衡政，则民治以为揭帜，而议士弄法不轨，武人为于大君！论教，则欧化袭其貌似，而上庠驰说不根，问学徒恣横议！放僻邪侈，纪纲无存！欲求片词只义，足以维系一国之人心者而渺不可得！国且不国，何有于治！於戏！古谚有之曰："橘逾淮化为枳也。"况于谋人之国，敷政播教；将谓树一国之人文，而可以移植收其全功者乎！此必不可得之数也！其效则既可睹矣！此又一时也！大抵自予之稚以逮今日，睹记所及，其民情可得而言：其始足己而自多！后乃蔑己以徇人！然见异思迁者，徒见人之有可法，而不知国性之有不可蔑！而足己自多者，又昧人之有可法，而不知国性之有不尽适！二者之为蔽不同，而失之国性之不自觉则均！是故言"国性之自觉"者，必涵二谛而义乃全：一曰"必自觉国性之有不可蔑"。昔罗马大哲尝作诗歌以大诰于国曰："前车非远，希腊所程猗！希腊之花，昔何荣猗！彼昏不知，狎侮老成猗！黩其明神，薄其典型猗！万目异色，群耳无正声猗！纲绝纽解，人私自营猗！累世之业，鹥其沈冥猗！嗟我国人，能勿惩猗！"（采梁启超译。见《庸言报》第一卷第一号《国性篇》）嗟乎！吾每诵此，而感不绝于予心也！倘一国之人，自上下下，不复自知我国历史久长之难能，文化发扬之可贵；本实已拨，人奋其知，自图私便；则国与民之所恃以抟系于不坏散者，仅法律权力之有强制，生命财产之受保障耳！于精神意志之契合何有！一旦敌国外患之强有力者临之；但使法律权力，足以相制；生命财产，足以相保；而蚩蚩者氓，只如驯羊叩狗，群帖焉趋伏于敌人之足下已耳！古今之亡国者，未或不由是也！倘有国之人焉。胚胎于前光，歌诵其历史，涵濡其文化，浃肌沦髓，深入人人。人心不同，而同于爱国；如物理学之摄力，抟挽一国之人，而不致有分崩离析之事也！如化学之化合力，镕冶国人，使自为一体，而示异于其他也！然后退之足以自固壁垒，一乃心，齐乃力，外御其侮；而进焉则发挥光大之，以被于全人类而为邦家之光！此国性自觉之第一义也。一曰"必自觉国性之有不尽适"。吾国立国于大地者五千年，其与与我并建之国代谢以尽者几何！而我乃如鲁灵光巍然独存！虽中间或被夷虏，为国大厉；而渐仆渐起，不旋踵而匡复故物，还我河山，歌斯哭斯以聚骨族于斯；其国性之养之久而积之厚也！其入人之深也！此不待言而自解也！然树艺积久而必萎，国性积久而有窳。时移势迁，有不适者。故曰："文久而息。节族久而绝。守法数之有司极礼而褫。"（见《荀子·非相篇》）又曰："礼时为大。"（见《礼记·礼器》）因时制宜，宁容墨守？非有所矫，不能图存；固也。如人性然，变化气质，增美释回；君子道在修身，莫不然。然而不可不知者；国性可助长而不可创造也；可改良而不可蔑弃也。倘如"戕贼杞柳以为桮棬"；桮棬未成而杞柳先戕，庸杞柳之所利为之乎！然则斲丧国性以致富强；富强未致而国性先坠；庸国人之所利为之乎！即中知，固知其不利矣！於戏！晚近以还，欧化东渐，国人相竞以诏；而浅尝之士，于所学曾未深求，辄捃摭所闻西事以自矜诩，遂欲有所施行；其仁义道德传自往昔，为人生所必繇，古今中外莫能易，操之则存，舍之则亡者；则或以其中国老生常谈，放言高论，务摧灭之以为快！其尤甚者，乃至以弱肉强食为公理，以裸体相向为美术，以贪冒淫侈为文明！问其所以？曰"欧儒云尔，我亦云尔也！"人心日即于浮嚣；国事日征其蜩螗！生心害政，以若所为，而曰"强国救群之道在是"；譬于饮鸩而救渴！吾见渴之未救而大命已倾！国之未强而人心先坏！安其危而利其灾，所谓"强国救群之道"，果如是乎！然则国学之所为待振于今日者，为能发国性之自觉，而俾吾人以毋自暴也！倘欲发国性之自觉，其必自言学者知"义"与"数"之辩始（见《孟子·告子上》）。

昔荀子劝学，兼综"数""义"；以为："其数则始乎诵经，终乎读礼；其义则始乎为士，终乎为圣人。"（见《荀子·劝学篇》）"全之尽之，然后学者也！君子知夫不全不粹之不足以为美也，故诵数以贯之，思索以通之，为其人以处之。"（见《荀子·劝学篇》）则是荀子劝学，贯"义"与"数"而一之；彻始彻终，非二物也。后儒则离"义"与"数"而二之；譬如耳目口鼻，皆有所明，不能相通。有陈其"数"而疏于"义"者，有明其"义"而遗乎"数"者。将以便举称，明殊指，为之题目，昭其涵容：一曰"人文主义"，一曰"古典主义"。

"人文主义"者，以为国学之大用，在究明"人之所以为人之道"；而以名物考据为琐碎。此明其"义"而遗乎"数"者也。

"古典主义"者，以为国学之指趣，在考征"古之所以为古之典章文物"；而以仁义道德为空谭。此陈其"数"而疏于"义"者也。

於戏！国之有学，非一日矣！竖尽往古，亘极来今，盖亦有其变迁递嬗之迹可举者焉。庄生有言曰："孰主张是？孰维纲是？孰居无事推而行是？"（见《庄子·天运篇》）事实之所诏我，实以两主义相摩相荡，迭为兴仆，运转而不能自止者也。大抵汉学尚考据，明训诂；荀子所谓"其数则始乎诵经，终乎读礼"；"古典主义"之可征者也。宋儒道性善，明义理；荀子所谓"其义则始乎为士，终乎为圣人"；"人文主义"之可征者也。虽然，犹有辩：

汉学有今古文之分：今文经世以致用，微言大义是尚，此汉学之近于"人文主义"者也。古文稽古以释经，名物训诂是谨；此汉学之偏于"古典主义"者也。然而今文极盛于西京；古学代兴于东汉；古学既盛而今文遽绝焉！（《后汉书·郑玄传》曰："初，中兴之后，范升、陈元、李育、贾逵之徒争论古今学，后马融答北地太守刘瓌及玄答何休，义据通深，由是古学遂明。"）则是"古典主义"擅汉学后起之胜也。

宋儒有朱、陆之争：朱子道问学，读书不害穷理；（《宋元学案·晦翁学案》载：陈北溪答李贯之曰："先生教人尊德性，道问学，固不偏废，而下力处却多在道问学上。"）此宋儒之不废"古典主义"者也。陆象山尊德性，明心乃以见性；（《宋元学案·象山学案》曰："宗羲案：先生之学以尊德性为宗，紫阳之学则以道问学为主。先生与兄复斋会紫阳于鹅湖，复斋倡诗有'留情传注翻榛塞，著意精微转陆沈'。先生和诗亦云：'易简功夫终久大，支离事业竟陆沈。'紫阳以为讥己，不怿。"）此宋儒之尤重"人文主义"者也。然朱学极盛于宋、元；阳明崛起于明代，陆学重光，而朱学少衰矣！则是"人文主义"擅宋学后起之胜也。

　　然当宋儒未起，汉学将变之际；老、庄于魏、晋；佛于隋、唐；士大夫谭名理，崇高致，以清言为尚，以章句为尘垢；亦由风气穷而思变，学术蕲于自觉；厌考据之烦琐，无补人生；乐名理之简隽，欲以自慰；此实古今学术升降一大转机也！徒以玄谭自放，君子不贵；佛说外道，吾儒所鄙；国学一线，端系"六经"！然而魏、晋经学，衍之东汉，统绪分明（详见《隋书·经籍志》）；而有不同于东汉者。盖同者其传说，而不同者其精神；东汉言训诂，或流繁琐；而魏、晋好名理，亦出简隽也。"汉初诸儒，专治训诂，如教人亦只言某字训某字，自寻义理而已"（采《朱子语类》）。"自晋以来，改变不同；王弼、郭象辈是也。汉儒解经，依经演说；晋人则不然，依经而自作文。"（采《朱子语类》）则是"古典主义"也，而"人文主义"寓焉矣！后来宋儒之师心说经，其经义大抵汲魏、晋之流风者也。然魏晋诸儒，尚解经而为经注；如王弼、韩康伯之注《易》，杜预、范宁之集解《春秋左氏》《穀梁》，皆经注也。至南北朝，则守一家之注而诠解之，且旁引诸说而证明之，所谓义疏者也。则是义疏者，盖注注而非注经。是故汉迄魏晋，经学也；南北朝，注学也。皇侃，熊安生，沈文阿，刘焯、炫之伦，著录繁夥。至唐孔颖达修订《五经正义》，贾公彦、元行冲、徐彦、杨士勋赓续有作，遂遍诸经；百川汇注，潴为渊海，信经学之极轨也！然则唐学者，殆集南北朝注学之大成，而为东汉古学尾闾之宣泄焉！

　　宋儒五子，周敦颐、程颢、程颐、张载、朱熹游心六艺，旁参禅乘（周敦颐从僧寿崖学，阐太极无极之旨。程颢资性过人，泛滥诸家，出入老释，返求诸六经，而充养有得。张载勇于造道，已求诸释老，乃返求之六经。朱子亦阐禅理，阳儒阴释，宋儒无不如此），明德新民，一主于率性修道。国学之人文主义，所以昭明于有宋，如日中天者；实以天竺明心见性，般若大觉之佛说西照；而吾儒率性修道，明德亲民之经蕴内宣。男女同姓，其生不蕃；果艺异树，接种乃佳。生物然，学术亦有然也！惟五子不废问学，犹于吾儒为近；而陆、王偏尊德性，弥于禅宗有会耳！

　　然自明中叶，王阳明以致良知，昌明陆学，风靡一世，号曰"姚江学派"，理想缤纶，度越前古！及其敝也，士不悦学，徒长虚憍！谈空说有，相矜以口，益见迂阔而远于事情！横流恣肆，非直无益于国，而且蔑以自淑！逮晚明刘宗周证人一派，已几于王学之革命矣！及明之既亡，而学风亦因以革变！天下稍稍恶虚趋实，陆世仪、陆陇其等生清之初，始专守朱子，辩伪得真！高愈、张履祥坚苦自持，不愧寅践。风气所鼓，一时景从。此由陆、王之"尊德性"而反之于朱子之"道问学"者也。至顾炎武、阎若璩等卓然不惑，以为"经学即理学"，（全谢山《鲒埼亭文集·顾先生炎武神道表》曰："晚益笃志六经，谓'古今安得别有所谓理学者？'经学即理学也。自有舍经学以言理学者，而邪说以起。不知舍经学，则其所谓理学者，禅学也。故其本朱子之说，参之以慈溪黄东发《日抄》。所以归咎于上蔡、横浦、象山者甚峻。"）求是辩诬，开一代之风气，导厥先路。乾隆以还，惠栋、戴震等精发古义，诂释圣言，天下所宗。

自是学者务于经籍传注，考订发挥。"诸经新疏，更迭而出。或更张旧释，补阙匡违；若邵晋涵、郝懿行之《尔雅》，焦循之《孟子》，胡培翚之《仪礼》，陈奂之《毛诗》，刘宝楠之《论语》，陈立之《公羊》，孙诒让之《周礼》是也。或甄撰佚诂，宣究微学；若孙星衍之《尚书》，张惠言之《周易》，刘文淇之《左传》是也。或㝡括古谊，疏注兼修；若惠栋之《周易》，江声之《尚书》是也。诸家之书，例精而谊博，往往出皇、孔、贾、元诸旧疏之上！盖贞观修书，多沿南学，牵于时制，别择未精。《易》则宗辅嗣而祧郑、虞。左氏则尊征南而摈贾、服。《尚书》则崇信梅、姚，使伏、孔今古文之学并亡，厥咎郅钜！加以义尚墨守，例不破注，遇有舛互，曲为弥缝；孔颖达之正义'五经'，各尊其注，两不相谋，遂成违伐；若斯之类，尤未允惬！而清儒新疏，则抉微捃佚，必以汉诂为宗；且谊证宏通，注有回穴，辄为理董；斯皆非六朝、唐人所能及！然则言经学者，莫盛于义疏；而为义疏者，尤莫善于清乾、嘉诸儒！"（采孙诒让《籀庼述林·刘恭甫墓表》）此由朱子之"道问学"，反本修古而为东汉之古学者也。则是"人文主义"之积窳于明季，而"古典主义"于以重光焉！虽然，人苦不自觉，而不安于不自觉，于是乎言学！倘言学者，数典不足以经世，具数无所陈其义；譬如五官百骸，形体徒存，而神明不属，生气何托！不以训诂名物自安，必欲进而求微言大义，人之情也！学之道也！清儒既遍治古经，戴震弟子孔广森始著《公羊通义》，厥为清儒言今文学者之权舆！（南北朝以降，经说学派只争郑玄、王肃，今古文之争遂熄。唐陆德明著《释文》，孔颖达著《正义》，皆杂宗

郑、王。今所传《十三经注疏》者，《易》用王弼，《书》用伪
孔安国传，《诗》用毛公传、郑玄笺，《周礼》《仪礼》《礼
记》皆用郑玄注，《春秋左氏传》用杜预注，其余诸经皆汲东汉
古文家之流。西汉所谓今文十四博士者，其学说皆亡，仅存者惟
《春秋公羊传》之何休注而已。今文学之中心在《公羊》，而公
羊家言则真所谓"其中多非常异义可怪之论"。）然不明家法，
治今文学者不宗之！嘉、道以还，庄存与、刘逢禄祖孙相嬗（刘
逢禄为庄存与之外孙，弱不好弄，母氏诲之，学必举所闻于外王
父以纠俗师谬说。年十一，初谒外王父，叩以所业，应对如响。
曰："此外孙必能传吾学。"详见李兆洛《养一斋文集·礼部刘
君传》，戴望《谪麟堂文集·故礼部仪制司刘先生行状》），世
以《公羊》名家，刊落训诂名物之末，专求其所谓"微言大义"
者；凡公羊家言所谓"非常异义可怪之论"，如"张三世""通
三统""绌周王鲁""受命改制"诸义，次第发明；言今文者宗
之！龚自珍说经好庄、刘，尤擅要眇之思；往往引《公羊》义，
讥切时政，诋排专制，益为言学者所熹！南海康有为能敷说《公
羊》改制以言变法，禅其弟子；新会梁启超益推而大之，至于无
垠；声生势张，而言今文学者盈天下矣！此由东汉之古学，又溯
而上以反诸西汉之今文者也。则是"古典主义"之渐厌于晚清，
而"人文主义"相与代兴焉！

方挽清今文大昌之日，独德清俞樾治古学，号东南大师，
为鲁灵光！（章炳麟《太炎文录·俞先生传赞》曰："浙江朴学
晚至，则四明、金华之术莅之，昌自先生。宾附者有黄以周、孙
诒让，是时先汉师说，已陵夷矣，浙犹觳张，不弛愈缋。不逮一

世，新学蠕生，灭我圣文，粲而不蝉，非一隅之忧也。"）其弟子章炳麟恢张其绪，尤擅声音训诂；好称引"左氏"，而无害于言革命；谓"贾逵言'左氏义深君父'，此与《公羊》反对之辞！若夫'称国弑君''明其无道'；则不得以'义深君父'为解！杜预于此最为宏通；而近世焦循、沈彤辈多谓预借此以助司马昭之弑高贵乡公，则所谓'焦明已翔乎寥廓，弋者犹视乎薮泽'也！"（见章炳麟《太炎文录·再与刘光汉书》）儒林之言革命者，咸以章炳麟为巨擘矣！于是治今文者言保皇变法；学古文者倡排满革命；昭昭然如泾渭分而鸿沟画也！清廷既覆，革命功成，言今文者既以保皇变法，无所容其喙；势稍稍衰息矣！而章氏之学，乃以大白于天下！一时北京大学之国学教授，最著者刘师培、黄侃、钱玄同辈，亡虑皆章氏之徒也！于是古学乃大盛！其时胡适新游学美国归，方以誉髦后起讲学负盛名，以为"清儒之所谓汉学者，一名朴学，对于宋儒之理学而言，不外文字训诂、校勘考订之学。而其治学之法，不外两事：曰'大胆的假说'，曰'小心的求证'。假设不大胆，不能有新发明。证据不充足，不能使人信仰。此欧儒之所以治科学；而吾国惟治朴学者为得其意焉！"（见《胡适文存·清代学者的治学方法》）于是言古学者，益得皮傅科学，托外援以自张壁垒，号曰新汉学；异军突起！而其所为不同于东汉古学者；盖以《周礼》为伪托，目《尚书》非信史，又谓"六籍"皆儒家托古，胥同今文学说也。惟今文家意在经世；而新汉学主于考古；议论虽同而归趣不一；此新汉学之所以异今文；而与东汉古学同其归者也！然东汉古学，欲以信古者考古；而新汉学，则以疑古者考古；此又新汉学之所为不同于东汉古学；而要其归，在欲考见"古之所以为古之典章文物"，则又无乎不同者耳！万流所仰，亦名曰"北大派"，横绝一时，莫与京也！独丹徒柳诒徵，不徇众好，以为古人古书，不可轻疑；又得美国留学生胡先骕、梅光迪、吴宓辈以自辅，刊《学衡杂志》，盛言人文教育，以排难胡适过重知识论之弊。一时之反北大派者归望焉；号曰"学衡派"。世以其人皆东南大学教授，或亦称之曰"东大派"。然而议论失据，往往有之！又以东大内畔，其人散而之四方；卒亦无以大相胜！然"古典主义"者，国学之歧途；而"人文主义"，则国学之正轨；未可以一时之盛衰得失为衡也！诚窃以为言国学者当以人文主义为宜。何以言其然？

其故有二：

一就国学二字顾名思义言之　按："学"之为言"觉"，"国学"之为言"国性自觉"，吾则既言之矣！然惟"人文主义"之国学，斯足以发国性之自觉，而纳人生于正轨；理之自然，必至之符也。"人文主义"之一名词，在欧土与"物质主义"为对；在吾儒与"古典主义"为对。"古典主义"，昔人之所轻。"物质主义"，今世之所患。何以言其然？"人文主义"之所寓，昔人谓之"义"。"古典主义"之所陈，昔人谓之"数"。《礼记·礼运》曰："礼也者，义之实也；协诸义而协，则礼虽先王未之有，可以义起也。"此持"人文主义"者也。《荀子·荣辱篇》曰："循法则、度量、刑辟、图籍，不知其义，谨守其数，慎不敢损益也，父子相传以持王公；是故三代虽亡，治法犹存；是官人百吏之所以取禄秩。"此守"古典主

义"者也。然"数"有可陈，而其"义"难知；"数"有可革，
而其"义"不变。《礼记·郊特牲》曰："礼之所尊，尊其义
也。失其义，陈其数，祝史之事也。故其数可陈也，其义难知
也。知其义而谨守之，天子之所以治天下也。"则是"数"有可
陈，而其"义"难知也。《礼记·大传》曰："立权度量，考文
章，改正朔，易服色，殊徽号，异器械，别衣服，此其所得与民
变革者也。其不可得变革者则有矣！亲亲也，尊尊也，长长也，
男女有别，此其不可得与民变革者也。"则是"数"有可革，而
其"义"不变也。皮之不存，毛将焉附！"义"之未协，"数"
徒具文！则是"义"尊而"数"卑，"义"先而"数"后也。故
曰"古典主义，昔人之所轻"也。抑吾闻之也：美国哈佛大学教
授白璧德氏（Irving Babbitt）者，尝倡人文教育以申儆一世；其
大指以为："西洋近世物质之学大昌，而人生之道遂昧！科学
工商日益盛，而人之所以为人之道愈失！于是熙熙攘攘，惟利
是崇！而又激于感情，中于诡辩，群情激扰，人奋其私；是非善
恶，无所准绳！而国与国、人与人之间，则常以互相残杀为事！
科学发达，人心益以不静，而为神明之桎梏！哀哉！此其受病之
根，在人之昧于所以为人之道。盖物质与人生，截然两途，各有
其律。科学家发明物质之律，非不精能也！然以物质之律，施之
人生；则心为形役，玩物丧志！私欲横流，人将相食！盖人生自
有其律。今当研究人生之律以治人生。人文教育者，即教人所以
为人之道。"（见《学衡》第三期胡先骕译白璧德《中西人文教
育谈》）有慨乎其言之也！呜呼！《记》不云乎，"人生而静，
天之性也。感于物而动，性之欲也。物至知知，然后好恶形焉！

好恶无迹于内，知诱于外，不能反躬，天理灭矣！夫物之感人无穷，而人之好恶无迹；则是物至而人化物也！人化物也者，灭天理而穷人欲者也！于是有悖逆诈伪之心，有淫佚作乱之事，是故强者胁弱，众者暴寡，知者诈愚，勇者苦怯，疾病不养，老幼孤独不得其所，此大乱之道也！"（见《礼记·乐记》）而今适其会也！数十年来，海内士夫，貌袭于欧化；利用厚生，制驭物质之一切科学教学，未能逮欧人百一；而日纵亡等之欲，物质享乐，骎骎逮欧土而肩随之！物屈于欲！欲穷乎物！生人道苦，乱日方长！故曰"物质主义，今日之所患"也。然则验之当今，惟"人文主义"足以救"物质主义"之穷！稽之于古，惟"人文主义"足以制"古典主义"之宜。国学者，"人文主义"之教学也；舍"人文主义"之教学，更何所谓"国学"者！盖惟"人文主义"为足以发吾人之自觉；亦惟"国学"为能备"人文主义"之至德要道。舍"人文主义"而言国学，则是遗其精华而拾其糟粕，袪其神明而袭其貌焉也！国性之不自觉，神明不属，譬之则行尸走肉耳！其何以国于大地！南山可动，吾言不易矣！

二就国学之所由起言之　国学之所由起，所以说明一国之"人文"。"古典"者，"人文"之遗蜕也。春秋以前，我国有政无学，有君、卿、大夫、士而无师儒，周辙既东，官坠其职；于是百官之守，一变而为百家之学；《汉书·艺文志》曰"某家者流，盖出于某官"是也。"百家之学"，所为异于"百官之守"者；"百官之守"者，谨守其"数"，"百家之学"者，宣究其"义"；此国学之所为起也。余读《汉书·艺文志》，著录十家；其中农家者流，特明术而不为学；盖术者致于用；而学者究其义也。小说家者流，又稗说而不为学；盖说者听诸途；而学者得于心也。此固卑之无甚高论。即杂家者流，"兼儒墨，合名法"，家而曰杂，则非专门名家矣！其间可得而名家者，曰儒，曰道，曰阴阳，曰法，曰名，曰墨，曰纵横七者而已。独儒、道二者，囊括群流，为一切学术之所自出。其间阴阳、名、墨三者，各守礼官之一事；（《汉书·艺文志》明言："名家者流，盖出于礼官。"至云"阴阳家者流，盖出于羲和之官"，疑即《周礼·大宗伯》礼官之属，所属所称"占梦：掌其岁时，观天地之会，辨阴阳之气。以日月星辰占大梦之吉凶"；"视祲：掌十辉之法，以观妖祥、辨吉凶"者也。"墨家者流，盖出于清庙之守。"疑即《周礼·大宗伯》礼官之属所称"大祝""小祝"者是也。）而纵横一家，则出诗教之三百（见章学诚《文史通义·诗教上》）；则是阴阳、名、墨者，儒家之支与流裔也。"申子卑卑，施之名实；韩子引绳墨，切事情，明是非；其极惨礉少恩：皆原于道德之意。"（见《史记·老庄申韩列传》）则是法家者，道家之支与流裔也。然则七家之中，独儒、道二者囊括群流，为一切学术之所自出；而管学术之枢者，舍儒、道二者，其奚属焉！然儒与道不同学，而同归于人文主义。"儒家者流，盖出于司徒之官，助人君，明教化，游文于六经之中，留意于仁义之际"；其为"人文主义"，固不待言。至"道家者流，盖出史官，历记成败、存亡、祸福、古今之道，然后知秉要执本，清虚以自守，卑弱以自持，此君人南面之术也；合于尧之克攘，《易》之嗛嗛，一谦而四益"；则是以"古典主义"为途径，而亦以"人文主义"为归宿者也。独是道家法自然；于社会一切人为之仁义道德文为制度，胥以为有违于自然，无补于人文，而放绝之，摈弃之；故曰："大道废，有仁义。慧知出，有大伪。六亲不和，有孝子。国家昏乱，有忠臣。""绝仁弃义，民复孝慈！绝圣弃知，民利百倍！绝巧弃利，盗贼亡有！此三者以为文，不足；故令有所属，见素抱朴，少私寡欲。"（引老子书）又曰："礼者忠信之薄，而乱之首。"（引老子书）又曰："法令滋章，盗贼多有！"（引老子书）至儒者重人为；凡社会一切相承之文为制度，苟有当于助长人文，罔不因势利导之，牖之轨物，而资以为经世之用；于是文王演《易》，周公制礼作乐，孔子删《诗》《书》，订礼乐，欲董理一切相承之社会文为制度，以存其适者，汰其不适者，俾后世有所监观，如"六经"所载，亦必有所承，匪尽凭虚臆测，托古改制，如今文家云尔也！此其异也。然儒与道不同学，而同归于"人文主义"。"古典主义"者，特国学歧出之途，而迫于时势之不容已耳！汉儒之言"古典主义"也，特以秦皇一炬，《诗》《书》百家语烧，非搜遗考订，不能重光于劫余，赓亘古垂绝之人文教育也；时势则然也。清儒之重赓"古典主义"也，特以清廷禁罔密；而言陆、王者多明遗老；士大夫惧世祸，又苦聪明材力无所用，故恣意于名物考订以自娱嬉，而免时网也；时势则然也。夫岂得已哉！论者乃以国学之正统目之，慎矣！

乃若兹编之所辑录者，特国学之涉于"古典主义"者耳！清儒重赓之汉学耳！数也，非义也。倘以自溺而不反焉？是则所谓"不知'义'与'数'之别"者也！太史公不云乎："儒者断其义。驰说者骋其辞，不务综其终始。"（见《史记·十二诸侯年表序》）班固有言曰："惑者既失精微，而辟者又随时抑扬，违离道本，苟以哗众取宠。后进循之，是以五经乖析，儒学浸衰！此辟儒之患！"（见《汉书·艺文志·诸子略》）宁独见议于汉世哉！于是董理厥指以弁于编。大雅君子，尚鉴吾意！

中华人民造国之十五年十二月一日无锡钱基博

（原载于《国学文选类纂》，商务印书馆1931年版）

治学篇（上）

余任课大学甲戊两组国文。将始业，乃遵章而校其艺业，试以论文，曰《周秦学派述评》，陆懋德教授之所命，而甲组诸生作焉。曰《清代学术衡论》，孟宪承教授之所命，而戊组诸生作焉。余校阅诸生之作，而患治学之未尽知方也，作《治学篇》。

治学有方，贵能会异见同，即同籀异；匪是无以通伦类，诏途辙。然而诸生之论学则何如？言周秦学派者，徒条其流别，而未观其会通；则会异而不知见同也。言清代学术者，徒言清儒之治汉学，而未明汉学清学之究何以殊；则是即同而未能籀异也。夫会异而不知见同，则所知毗于畸零，而无以明其会通。倘即同而未能籀异，则用思嫌于笼统，而奚以较其大别？二者所蔽不同，而为失则均。斯固近日学者之通患，而诏诸生以知儆；匪徒好为引绳批根之论也。

班固《汉书·艺文志》著录诸子十家，曰儒家、道家、阴阳家、法家、名家、墨家、纵横家、杂家、农家、小说家，而许为可观者，儒、道、阴阳、法、名、墨、纵横、杂、农九家而已。然余观纵横一家，仅苏秦、张仪数人，恃其利口捷给，捭阖短长，游说王公大人以取一时富贵；夸诞无学，固与远西之雄辩家绝殊。而杂家之学，兼儒墨，合名法，宗旨不纯，又奚名家？盖家则不杂，杂则非家，未可兼而称之也。至农家者流，播百谷，劝农桑以足衣食；樊迟请学稼，疑汲其流；然孔子斥之曰"小人哉"（见《论语·子路第十三》）；则卑之无甚高论矣。宁只小说者流之媲于小道，泥于致远也？然则诸子十家可观者，儒、道、阴阳、法、名、墨六家而已，而儒与道德二者，尤为一切学术之所宗焉。

余读司马迁《史记·老子韩非列传》，赞"申子卑卑，施之于名实；韩子引绳墨，切事情，明是非；其极惨礉少恩，皆原于道德之意"。则是刑名法术之学，原于道德也。老子所贵道虚无因应，变化于无为，而为法家之术所自出。申不害之学，原于道德之意而主刑名，以名责实，尊君卑臣。其佚文曰："名者，天地之纲，圣人之符。张天地之纲，用圣人之符，则万物之情无所逃之，故善为主者倚于愚，立于不盈，设于不敢，藏于无事，窜端匿迹，示天下无为，是以近者亲之，远者怀之。示人有余者人夺之，示人不足者人与之；刚者折，危者覆，动者摇，静者安。名自正也，事自定也，是以有道者自名而正之，随事而定之也。"（见《群书治要》引《大体篇》）著书二篇，号曰《申子》。相韩昭侯十五年，国治兵强，无侵韩者。申子言术，而卫鞅为法，法者臣之所师，而术者人主之所执。法者，赏存乎慎法，罚加乎奸令，编著之图籍，设之于官府，而布之于百姓者也。术者，因任而授官，循名而课实，藏之于胸中，以偶万端而潜御群臣者也（详见《韩非子·定法第四十三》）。故术不欲见，而法莫如显；术用在潜，而法行以信。卫鞅之书曰："吏明知民知法令也，故吏不敢以非法遇民；民不敢犯法以干法官也。""故圣人为法，必使之明白易知。"（见《商君书·定分第二十六》）此"法莫如显"之说也。又曰，"国皆有法，而无使法必行之法。国皆有禁奸邪、刑盗贼之法，而无使奸邪、盗贼必得之法。""圣人有必信之性，又有使天下不得不信之法"（见《商君书·画策第十八》），此"法行以信"之说也。秦孝公善其言，用为相，变法更令，传《商君书》二十九篇，亡者五篇。顾韩非患卫鞅之无术，而又病申子未尽法；于是综法术道德，著书五十五篇。其言曰："道者，万物之始，是非之纪也。是以明君守始以知万物之原，治纪以知善败之端，故虚静以待令。令名自命也，令事自定也。虚则知实之情，静则知动者正。有言者自为名，有事者自为形，形名参同，君乃无事焉，归之其情，故曰'君无见其所欲'。""道在不可见，用在不可知。虚静无事，以暗见疵。见而不见，闻而不闻，知而不知。知其言以往，勿变勿更，以参合阅焉。官有一人，勿令通言，则万物皆尽。函掩其迹，匿其端，下不能原。去其智，绝其能，下不能意。"（见《韩非子·主道第五》）所以明术也。又曰："十仞之城，楼季勿能逾者，峭也；千仞之山，跛牂易牧者，夷也。故明王峭其法而严其刑也。布帛寻常，庸人不释；铄金百镒，盗跖不掇。不必害，则不释寻常；必害手，则不掇百镒，故明主必其诛也。是以赏莫如厚而信，使民利之；罚莫如重而必，使民畏之；法莫如一而固，使民知之。故主施赏不迁，行诛无赦。"（见《韩非子·五蠹第四十九》）此所以饬法也。其极惨礉少恩，皆原于道德之意。然道德者术之所由出，而为法者，道之所不许，何以明其然？老子言："民不畏死，奈何以死惧之！"
（见《道德经》第七十四章）太史公《酷吏列传》亦引"法令滋
章，盗贼多有"之说，而云"法令者治之具，而非制治清浊之
源"。然则为法者道之所不许，此太史公列传所为别署商君，而
不以同于申韩，次之老、庄之后者也。惟老、庄兼综有名无名，
阐道于玄；而申不害贵名之正，韩非亦言刑名参同，断断焉致谨
于名。斯所以异耳。

《汉书·艺文志》载"名家者流，盖出于礼官"。而礼者
儒之所特重，孔子论治人情，礼之不可以已（见《礼记·礼运第
九》）。晏婴讥孔子盛容饰，繁登降之礼（见《史记·孔子世家
第十七》）；而太史公谈亦称儒者"序君臣父子之礼"为不可易
（见《史记·太史公自序第七十》），斯皆儒家重礼之证。而古
者名位不同，礼亦异数，故齐礼者必正名。此名家之学所由起；
而孔子所为发正名之对（见《论语·子路第十三》），荀子所以
著《正名》之篇也。则是名家儒之所自出也。儒者修祭祀，敬
鬼神，而阴阳家者流，依于鬼神之事，好言机祥。驺衍深观阴阳
消息而作怪迂之变，《终始》《大圣》之篇十余万言，其语宏
大不经，先序今以上至黄帝，大并世盛衰，因载其机祥制度，五
德转移，治各有宜。然要其归必主乎仁义节俭，君臣上下六亲之
施（见《史记·孟子荀卿列传》）。然则所谓阴阳家者，儒家之
支与流裔耶？余读荀卿《非十二子篇》称："略法先王而不知其
统，然而犹材剧志大，闻见杂博。案往旧造说，谓之五行，甚僻
违而无类，幽隐而无说，闭约而无解，案饰其辞而祗敬之，曰：
'此真先君子之言。'子思倡焉，孟轲和焉。"则是阴阳五行之

学倡于子思、孟轲也。顾或者引杨倞注谓"五行，五常，仁义礼智信"，非也。夫五行之说造于《洪范》，"一曰水，二曰火，三曰木，四曰金，五曰土"，而仁义礼智信五者谓之"五常"，自古无"五行"之说。且儒家之常言，非思、轲所创，奚所谓"僻违""幽隐""闭约""无类""无解"也？骤衍《终始》《大圣》之篇，序今以上至黄帝学者所共术，大并世盛衰；因载礽祥制度，五德转移，治各有宜，是正荀卿非子思、孟轲所称"略法先王，案往旧造说，谓之五行"者也。"五行"者，殆即"五德转移"之谓，而骤衍之见呵于马迁者，曰"怪迁之变"，曰"宏大不经"。今观荀卿非思、轲所称"材剧志大，闻见杂博"，倘即"宏大"之异词耶？所谓"甚僻违无类，幽隐无说，闭约无解"，倘即"怪迁""不经"之异词耶？学同，故所以被呵者亦同，宁只"要其归于仁义节俭、君臣上下六亲之施"之足以证"阴阳家言之自儒"也哉！惟马迁为能明诸子学术之流变，故次骤衍以附儒家孟子之传；犹之次申不害、韩非以附道家老庄之传也。马迁之传申、韩，推其本于黄老道德，犹之传骤衍之"要其归于仁义节俭"；要以著学术之自出，见附传之用心焉。虽然，儒与墨不同术，而马迁次墨翟以附儒家《孟子荀卿传》，后者曷居？曰：墨与儒不同术而出自儒。《淮南子·要略训》称"墨子学儒者之业，受孔子之术，以为其礼烦扰而不说，厚葬靡财而贫民，服伤生而害事，故背周道而用夏政"，欲变文而反之质。然谆深切，陈古讯今，喜称道《诗》《书》，与儒者类，则墨者亦儒之继别为宗者矣。近儒扬榷先秦诸子学者，往往称墨学足与孔、老雄，然此以论墨子当日则可；匪所语于后来也。余观先秦而后，数千祀间：汉初尚黄老，汉武礼儒者，魏晋谭老庄，唐宋宗孔、孟，迭相赴仆，实为孔、老代兴之史，宁有墨学回翔之余地者？而墨学中兴，不过挽近数十年间尔。自欧化之东渐，学者惭于见绌，返求之己，而得一墨子焉。观其《兼爱》《非攻》本子《天志》，类基督之教义；而《经说》、大、小《取》诸篇，又与欧儒逻辑之学不违，由是谭欧化者忻得植基于国学焉。此挽近墨学之所为大盛，而骇驾孔子之上者也。若论其朔，则墨子者不过孔子之继别为宗者尔。

孔子之为学，与老子殊。老子之明道也，究极于"玄之又玄"（见《道德经》第一章）；而孔子则以"诚"为归（见《礼记·中庸第三十一》）。老子崇道于天地万物之先（参见《道德经》第二十五章、第四十二章），而孔子则体诸人伦日用之间。老子斥礼者道德仁义之失，忠信之薄（见《道德经》第三十八章）。而孔子则明礼起于大道之隐，所以救忠信之薄，刑仁讲让而示民之有常（见《礼记·礼运第九》）。此孔子之所以别于老也。然问礼于老（见《史记·孔子世家第十七》《老庄申韩列传第三》），渊源有自。孔子"礼顺人情"（见《礼记·礼运第九》），"率性为道"（见《礼记·中庸第三十一》）之说，奚必不本于老之"道法自然"（见《道德经》第二十五章）？辙迹显然，不容讳也。孔子曰："道不同，不相为谋"（见《论语·卫灵公第十五》）；其然，岂其然耶？余观周秦学者：有相为谋而不同道者，如申、韩之原于道德；名、墨、阴阳之出自儒者，孔子之问礼于老，是也。然有同道而不相谋者，如荀子之于孔子是也。荀子以从性顺情为恶，违性制情为礼（见《荀子·性恶篇第二十二》），矫自然而不法自然；言礼义与孔子同，而所以言礼言义者则与孔子异。孔子祖述尧舜（见《礼记·中庸第三十一》），而荀法后王（见《荀子·非相篇第五》）；孔子道率性，而荀重师法（参见《荀子·修身篇第二》《性恶篇第四十三》）。孔子作《春秋》，明天人相与之际（见董子《贤良对策》）；而荀子《天论篇》则明于天人之分，而斥天人之不相与。孔子曰："夫礼必本于天，以人情为本"（见《礼记·礼运第九》）；而荀子曰："礼义者生于圣人之伪，非故生于人之性也"（见《荀子·性恶篇第四十三》）。要之荀子之意，率性而适自然，则失其所以为人；拂性而矫自然，乃即其所以为礼，此又荀子之所以大别于孔也。呜呼！二帝三王已还，天叙天秩，既垂典常（见《书·皋陶谟第五》）；而老子之"道法自然"，孔子之"率性为道"，罔不尊自然而崇天则。迨荀子之起而悉摧拉无余焉，可特笔也。然则荀子者，虽自谥曰"仲尼之徒哉"，殆不啻孔学之革命者耳；宁只性恶之说，与孟子立异也哉！厥后荀子之高第弟子韩非薄仁义、厉刑禁（参见韩非子《难》《难势》《五蠹》《显学》诸篇），李斯绌《诗》《书》，陈督责（见《史记·李斯列传第二十七》），论者或以为惨酷少恩。自余观之，二人者，皆笃信荀子"矫性起伪"之师说而蕲措诸行事者也。虽所施或拂人心之同然。韩退之有言："士之特立独行，适于义而已。不顾人之是非，皆豪杰之士，信道笃而自知明者也。一家一国非之，力行而不惑者，寡矣。"至于韩非、李斯者，举世非之，力行而不惑；彼岂无所挟持而能之哉！殆笃信师说而不惑于流俗耳。余故特表而出之以念治国故者。荀子之为学，始诵经，终读礼，綦重章句文学，诵数以贯，思索以通（见《荀子·劝学篇第一》），而汉儒穷经，《诗》鲁、毛，《春秋》之《穀梁》《左氏》，皆传自荀卿，《礼》大小戴记文多采《荀子》书，厥为汉儒朴学之宗。而孟子受业孔子之孙子思；传中庸率性之道，作七篇书，明心见性而阐性道之要，则导宋儒性学之先。其大较然也。荀子读礼，化性而起伪；庄生任天，齐物于无为；所尚不同，然原大道之无不在，訾百家之多得一，则亦有不相为谋而同者。余谓《庄子·天下篇》载"古之所谓道术者……无乎不在。""天下多得一察焉以自好。譬如耳目鼻口，皆有所明，不能相通；犹百家众技也，皆有所长，时有所用。虽然，不该不遍，一曲之士也。判天地之美，析万物之理……百家往而不反……道术将为天下裂！"则是百家者道术之裂。曷言"百家者道术之裂"？曰：荀子则既言之矣："万物为道一偏，一物为万物一偏，愚者为一物一偏，而自以为知道，无知也。""夫道者，体常而尽变，一隅不足以举之。曲知之人，观于道之一隅而未之能识也。凡人之患，蔽于一曲而暗于大理。""慎子有见于后、无见于先，老子有见于诎、无见于信，墨子有见于齐、无见于畸，宋子有见于少、无见于多"，"墨子蔽于用而不知文，宋子蔽于欲而不知得，慎子蔽于法而不知贤，申子蔽于势而不知知，惠子蔽于辞而不知实，庄子蔽于天而不知人"。其著于《天论》《解蔽》两篇，所以明大道之无不在，百家之多得一者，何合契庄生如一辙耶！宁独荀子？《尸子》曰："墨子贵兼，孔子贵公，皇子贵衷，田子贵均，列子贵虚，料子贵别，囿其学之相非也。数世矣，而已皆弇于私也。天、帝、后、皇、辟、公、弘、廓、宏、溥、介、纯、夏、幠、冢、晊、昄皆大也；十有余名而实分一也。若使兼公虚，均衷平，易别圃，一实也，则无相非也"（见萧山汪继培辑《尸子·广泽》篇）。故曰"百家者，道术之裂"。太史公谈引《易大传》："天下一致而百虑，同归而殊途。夫阴阳、儒、墨、名、法、道德，此务为治者也；直所从言之异路，有省不省耳。"（见《史记·太史公自序第七十》）然则论周秦学派者，徒明百家之得一，而未识殊途之同归，斯可谓知一而不知二者也。余故辨章源流以明百家之有相自，勘比同异以明百家之何所别；庶几学者知览观焉。

（原载于1925年《清华周刊》第24卷4号）

治学篇（下）

夫言周秦学派者，既昧于所同；而衡清学汉学者，又昧其所异。请更端以竟其说。

论者之言曰："清代学术，以探求前人古书之意义为本旨，以考据训诂为方法，所谓汉学是也。"（见杨生锡龄文）此固非一人之私言，而袭人人之公言也。然而事实所昭，博不能无异议。

清学者，反本修古，不忘其初者也。夷考厥始；由明之王学，矫而反之宋，本之朱学，此顺、康间之学也。由宋之朱学，又反而溯之东汉许、郑古文，旁逮周秦诸子之书，此乾、嘉时之学也。由东汉许、郑古文之学，又矫而反之西汉今文十四博士之学，此道、咸、同、光四朝之学也。然则汉学者，清学之一事，而不足以尽清学也。清初当姚江王阳明之学极盛，余姚黄宗羲尝受学山阴刘宗周以承阳明之绪，言满天下，称东南大师；而教学者读书不多，无以证斯理之变化；多而不求诸心，则为俗学。自以为守其先师之法，传之后进，谊无所让也，此为王学之后劲矣。同时容城孙奇逢讲学燕蓟，周至李颙倡道关中，皆以王学为桴应。然奇逢蚤岁与定兴鹿善继论学以象山、阳明为宗，晚更和通朱子之说，著理学宗传，表周、程、张、邵、朱、陆、薛、王及罗念庵、顾泾阳为十一子。而颛教学者当先观象山、阳明之书，阐明心性，直指本初，以洞斯道之大原；然后取二程、朱子书玩索以尽践履之功；否则醇谨者乏通慧，颖悟者杂异端，无论言朱言陆，于道皆未有得也。则是二人者，固已折衷朱子，而不坚持王学之壁垒焉。昆山顾炎武竺志六经，谓经学即理学也；自有舍经学言理学者，乃堕于禅学而不自知。故持论悉本朱子说，而诃阳明甚峻，至比之王弼、何晏清谈之祸晋室。其持论见《日知录》者，可覆按也。自是之后，王学稍衰，而平湖陆陇其著绩循吏，安溪李光地持枢中朝，皆高名雅望，学宗朱子，挟登高之呼，为儒林之宗；而朱学于是大昌也。时则萧山毛奇龄、太原阎若璩，皆不慊朱子之注经，而有所论说。而奇龄才气自负，说经长辩驳，多与宋儒凿枘，而雄辩足以济之，著《四书改错》一书，于朱子盛气攻辩，语或过当；然自明以来，申明汉儒之学，使儒者不敢以空言说经，实奇龄开其先路。厥后元和惠栋三世传经（祖父周惕、父士奇），竺信汉学，谓"汉人通经，有家法，故有五经师。训诂之学，皆师所口授，其后乃著竹帛，所以汉经师之说，立于学官，与经并行。古字古言，非经师不能辨，是故古训不可改也，经师不可废也"。休宁戴震稍后出，而诵说汉学，一本许慎《说文解字》书，遂尽通《十三经注疏》，能全举其辞，尝曰："经以载道。所以明道，辞也。所以成辞者，字也。学者当由字以通其辞，由辞以通其道。"学者遵为典则，以此治六经，即以此疏诸子；而东汉许、郑之学于是臻极盛焉。嘉、道以后，学者又由许、郑之学，溯洄而上。《易》宗虞氏以求孟义，《书》宗伏生、欧阳、夏侯以距马、郑，《诗》宗齐、鲁、韩三家以正毛、郑，《春秋》宗《公》《穀》以难《左氏传》。发轫于武进庄存与、刘逢禄，极倡于仁和龚自珍、邵阳魏源，乃刊落训诂名物之末，专求其所谓微言大义者，述伏、董之遗文，寻武、宣之绝轨，是谓"西汉今文之学"，学愈进而愈古，义愈推而愈高。方其始也，循朱子之道问学，以救王学尊德性之空。而其既也，又发西汉今文之微言大义，以矫东汉名物训诂之碎。然则论者所谓"探求前人古书之意义，考据训诂之方法"者，特又东汉许、郑之学而为清儒治汉学之一节；宁得概其全体大用也耶？

且清学之用汉学，特考据训诂之法耳。而其动机，其精神，一出于宋学。清学之初为朱学，朱子尝教人看注疏，不可轻议汉儒；云："汉初诸儒，专治训诂；如教人亦只言某字训某字，自寻义理而已（见《语类》卷一百二十七）。自晋以来，却改变得不同，王弼、郭象辈是也。汉儒解经，依经演释，晋人则不然，舍经而自作文（见《语类》卷六十七）。作文，则注与经各为一事，人惟看注疏而忘经。须只似汉儒毛、孔之疏，略释训诂名物，及文义理致尤难明者；而其易明处，更不须贴句相续，乃为得体。盖如此则读书看注即知其非经外之文，却须将注再就经上体会，自然思虑归一，功力不分；而其玩索之味亦益深长矣（见《记解经》）。学者苟不先涉汉魏诸儒之名物训诂，则亦何以用于此（见《语孟集义序》）。"顾炎武"经学即理学"之论，即体斯旨。然则玩索朱学之功深，而渐竟其委于汉儒训诂之说，此又必至之势，自然之符也。且改经改注而衷于是，持宋儒之所勇为，而汉儒之不敢出者也。汉儒传经，最谨家法，专门授受，递禀师承；非惟训诂相传，莫敢同异；即篇章字句，亦恪守所闻；其学笃实谨严。而清儒则一衷于是而不为墨守。金坛段玉裁师戴震而非戴震之说，时见《说文解字注》。而经注文意有不慊，旁考博证而得心之所安，摆落汉唐，改定以求其是，而"粤若稽古"，独宋儒有此精神尔。然则清学者，盖本宋儒求是之精神，而用汉学考证之方法者也。特宋儒勇于求是而考证不密，斯所以不逮清学而嫌武断耳。然而尚论清学者，必以此盛奖汉学，而屏绝宋为不足道；斯又曲学之拘虚，未足语于大方也。夫清学之出于宋者何限；言《说文》者以二徐（徐铉、徐锴）书为蓝本；而薛尚功《钟鼎彝器款识》一书，则为清儒以金文补证篆籀者之先河。言音韵者以《广韵》（宋陈彭年、邱雍等奉敕所撰）为蓝本；而吴棫《诗补音》《楚辞释音》及《韵补》三书，尤辟清儒以诗骚推求古音者之径途。至司马光《切韵指掌图》，则清儒言双声迭韵之指南也。王应麟辑《周易》郑康成注及《诗》三家考，则清儒辑佚经佚注之前导也。如此之比，更仆难数。此小学经学之本诸宋有可证者也。若秦蕙田《礼书》之多采陈祥道，章学诚史学之意称郑樵，尤勿论焉。

且清儒何尝薄宋学？阎若璩著《古文尚书疏证》以纠古文二十九篇之伪，论者推其摧陷廓清之功，然其论实发于吴棫《书裨传》，若璩亦引重其说。而朱子《语录》、蔡沈《书集传》，亦有"孔安国是假书"之疑。则是《尚书古文》之伪发覆于宋儒也。戴震之学，于清儒最为绝出，而出自婺源江永，称永学自汉经师康成后罕其俦匹。然永尝注朱子《近思录》，所著《礼经纲目》亦本朱子《仪礼经传通解》，戴震作《原善》《孟子字义疏证》，虽与朱子说经牴牾，然《毛郑诗考正》，则采朱子之说。段玉裁受学戴震，议以震配享朱子，跋《朱子小学》云："或谓汉人言小学谓六书，非朱子所云，此言尤悖。夫言各有当：汉人之小学，一艺也；朱子之小学，蒙养之全功也。"夫段玉裁以嬗治六书之人，而不以汉人小学，薄朱子小学，然则清儒何尝薄朱学也？吾故口："玩索朱学之功深，而渐竟其委于汉儒训诂之说者，此必至之势，自然之符"也，不其然乎？不其然乎？

然则谓清学即汉学者非也，夫衡学以后来为胜，以其尽有前代之长而不袭其短也。而清学之所以成清学者，亦以用汉学考据之法而不为其拘阂；衷宋儒求是之旨而不敩其武断；故非汉非宋而独成其为清学也。倘清学即汉学，则是陈陈相因而掇拾前代之唾余尔；奚所于尚焉！余文质无底，宁曰有当。然而衷求是之旨，藉考据之法，罗证事实，勘比异同；则固清儒之所以治学之精神、之方法也。作《治学篇》。

（原载于1925年《清华周刊》第24卷5号）

十年来之国学商兑

我敬介绍裘匡庐先生之《思辨广录》
以供时贤之论衡而开思辨之境涯

近十年之国学，无他演变；大抵承前十年或前数百年之途径以为递嬗。其新颖动人而为青年髦士之所津津乐道者，厥为以科学方法整理国学。而大师宿学，则或讲宋明理学，欲以矫清代治汉学者训诂琐细之失。其尤河汉无涯者，益侈陈三教会通，故为荒唐之言，无端涯之辞。海内之学者，具此而已矣。余粗好文章，而于道苦未有闻；兹事体大，未敢论衡，独睹裘匡庐先生所著《思辨广录》稿本，籀诵乙过；其大指以程朱衡学，以佛明儒，箴砭时贤，直探源头，揭"真参实悟"四字，当头作棒喝；语无泛设，极高明而道中庸，并世学人，罕有伦也。先生，名毓麟，匡庐其字，慈溪人；旧译学馆毕业，升入京师分科大学，以民国二年赴美，留学加利福尼大学，习政治经济；五年回国，曾为文著论欧美社会之崇势利而薄仁义，终无以善其后，而不如孔孟之道为可大可久，刊登时报。方以新思潮澎湃，莫之省也。于是闭门读书，二十年于兹，精究程朱，旁参释老，积久有得，而著为书。独以生平服膺，最在太仓陆桴亭先生《思辨》一录；恨其未睹今日之极变，而不及与之论证也，故以《思辨广录》题篇。呜呼！世有此人而不显名，世有此人而不谭学；乃如仆辈，滥吹上庠，汗颜人地。谨仿《后汉书·王符仲长统列传》之例，要删其指，以诏当世而发深省；可谓博学通人也已。

其自叙治学之经历曰："余三十以前，年少气锐，事事喜新恶旧，固不知有佛法；惟每闻佛寺钟声，心中惘惘然若有无穷感慨者，一时不知身在何处，口亦不能言其所以然之故。后读方望溪所作《舒子展哀辞》云：'舒年少时而意绪颓然，间脱冠，形神似老僧，尝曰：吾夙世必髡缁，每闻钟声铃响，则惘惘然；造物者俾余一识宦婚之况耳！'读之亲切有味，不啻为余一吐十数年来胸中之疑蓄也。《大本阿陀经》云：'世间人民前世曾学佛法，或亲近善知识，今世一闻佛名，慈心喜悦，志意亲净，毛发耸然，泪即流出。'就佛理言之，则天下之事事物物，无不由于夙因；无种子之现行；亦决无现行而不复为将来之种子。就吾儒言之，则为感应。伊川所谓'有感必有应；凡有动皆为感，感则必有应，所应复为感，所感复有应，所以不已'也。儒释所说虽不同，而理则一也。就余学佛之事而言，当知吾人一生之事业，冥冥中均有主宰，即自己亦无力与之抵抗，随业牵引，而辗转必达于应至之地；因缘未至，无可强求；因缘既然，亦无可避免。余三十岁以前，固为一纯粹学校之学生，彼时所喜研究者，厥惟西儒之科学。吾国圣经贤传，尚不厝意，遑论佛典。设当时有人劝余学佛者，则余必斥其谬矣。乃自美回国，数年后，偶得佛经读之，恍然如久处黑暗之中，骤睹光明，奇趣妙理，日出无穷，读之愈久，好之愈笃；恨未能悉屏世事，专修净业（见《辨儒释》）。余近年修净业，往往于念佛时，凡平日读书不能探索之思想，反能于念佛时无意中得之。论念佛之工夫，仍是杂念未净；此即永嘉大师所谓串习；谓斯人于习静中本无心忆及此事，串习忽起，正如天际浮云，歘然而起，莫明其故；此种杂念不除，则念佛决难得力。然可悟凡知慧，必由静定中自得之；彼专以博自夸者，决无精思之可言也！（见《杂说》）往年余思研国学，欲略知宋儒道学之梗概，取《近思录》读之，不能得其精意；其卷首《道体》一卷，则更难以明晓。阅一二年，喜阅释典；《近思录》一书已久置之矣，如是三四年，复取《近思录》读之，则昔所不能解者，已明白无遗。濂、洛、关、闽之徒，无不视释子如蛇蝎，见佛典如鸩毒；然余得窥见程朱之义理者，乃不由儒门入，而特由佛典入；此皆余亲身经历之事，自不同空谈泛说之无据（见《辨儒释》）。凡读古昔圣贤心性之书，就余一已经历言之，至少有二种感觉：一曰触发。读之如触电气，全身震动。如《孟子·告子篇》中之《牛山章》《鱼与熊掌章》《放心章》，其启发人天良之语，均极痛切透辟；读之如当头棒喝，通体汗下；如深夜闻钟，发人猛省。凡古人之书，读之能触发我性灵者，虽欲不好，不可得也。读之而无所触发，必其书无深意之可言；或读者钝根人，麻木不仁者也。二曰融合。即杜元凯所谓'若江海之波，膏泽之润，涣然冰释，怡然理顺，然后为得'也。读之，觉古人所说者，无不恰好；又彼所言者，皆为我胸中所欲说，却被他句句先我道出；更觉书中所说，添一字不得，减一字不得，一字亦不多，一字亦不少。当读之时，读者之心与作者之心，融洽一片，无少间隔。上所说两种境界，凡读心性之书者，必同具此感觉；若始终无此感者，必其人顽钝无知者也。"（见《无题》）

其论青年修习国学方法曰："余见某氏（即胡适）《国学入门应读书目》，标曰'最低限度'；而所列之书，广博无限。经学小学，则清代名家之大部著述，以及汉、魏、唐、宋诸儒之名著，无不列入。理学则宋、元、明、清学案及《二程全书》《朱子全书》《朱子大全书》《陆象山全集》《王文成全集》，复益以宋、元、明、清儒专集数十种。子则二十二子及其注解，复益以周、秦后诸家所作为世所传诵者。佛典则《华严》《法华》等经，《三论》《唯识》等论，禅宗语录，相宗注疏，广为搜罗。此所谓思想部也。若文学则历代名人诗文专集百数十家，宋、元来通行之词曲小说多种。凡此皆某先生所谓'最低限度'书目也。然论其数量，则已逾万卷；论其类别，则昔人所谓专门之学者，亦已逾十门；凡古来宏博之士，能深通其一门者，已为翘然杰出之材；若能兼通数门，则一代数百年中，不过数人；若谓综上所列诸门而悉通之者，则自周孔以来，尚未见其人。何也？人生数十寒暑，心思材力，究属有限；而人之天资，语其所近，不过一二种；兼通数门，已称多材。长词章者未必兼通考据。有得于心性之学者，未必乐钻故纸。故精汉学如阎、戴、段、王，若语以宋、明诸儒精微之说，未必能解也。工诗文者如韩、柳、欧、苏，若与之辨训诂音韵之微，则非所习也。文人谈禅，不过供临文时揩摭之资；若进而与之论教相，辨判科，则茫然矣。宋、元词曲巨子，若与之论经传之大义，谈老、庄之玄旨，则瞠目结舌矣。天之生人，决无付以全知全能之理，而人之于学，非专习决不能精。凡人于一种学问，已得门径，意趣日出，则所读者，必多同类之书。长经学者，必多读经传之注解；工文辞者，必多读名家之专集。若舍其素习而读他种书，则虽宿儒，无异初学；苟非以全力攻破其难关，将见始终格格不入。语曰：'读书万卷'，实则读万卷书，尚非难事，而多读门类不同之书以明其大义者，古今无几人也。纪昀于近儒中读书最富，然余读其评理学之语，开口即错；经学亦有隔膜。《曾文正公日记》有云：'阅《宋元学案》中《百源学案》，于邵子言数之训，一无所解，愧憾之至！'陈兰甫先生与友人书，自言：'生平未曾读宋儒书，晚岁犹思补读。'曾公命世之英，兰甫博学而享大年，犹有未尽读、未尽通之书。凡自谓于学无所不通，此仅可欺浅学无识之辈；若通儒则决无此论。而自汉、唐以来，未闻有一人而兼经学、小学、性理、考据、佛典、词章、词曲之长者也。今以古今鸿儒硕士所万不能兼通者，某先生乃欲令中学学生兼习之，又复标其名曰'最低限度'。吾不解某先生所谓高等者，其课程复将奚若！其将尽龙宫铁塔之藏，穷三洞四辅之秘乎？凡此皆欺人之甚，而言者悍然不惭，闻者茫然莫辨。世人既多妄人，复多愚人；非妄人无以益愚人之愚；非愚人无以长妄人之妄。余读近人著作，胸中辄作二疑。观其繁称博引，广列群书，则疑其人无书不读。及见其立论之浅谬，往往于古人极浅近之旨，尚未明了，则又疑其人实未曾读过一书。今日学术界之大患，几于无事不虚伪，无语不妄；且愈敢于妄语者，则享名亦愈盛。然而文人诡诞，自古有之。如清毛西河、戴东原二氏，二百年来，学者仰如泰斗；然二子均喜欺人，其生平示人之语，殆无一由衷之谈，试翻全谢山集中之《萧山毛检讨别传》，及章实斋《文史通义》之《朱陆篇书后》两篇，历举毛、戴二人种种欺人妄语之事实，其例甚多，大抵文人好名而性复诡诈，其对于后进钦风慕名而向之请益者，则必广举艰深宏博之书多种以告；又复恍惚其词，玄之又玄，令人无从捉摸。其实彼所举之书，或仅知其书名，或得其梗概于书目提要中；其书固未曾入目也；或涉猎之而未得其大意，犹之未读也。然在初学，震其高论，贸然从之，始为好名喜功之心所歆动，尚能振奋一时；迨钻研不入，久无所得，锐气一消，颓然废学，犹以为彼自高明，我则昏昧，无由趋步；不知被其所欺，误尽一生而不自知也。又凡人治一种学问，其入手之处，大抵得力于浅近之书；惟因其浅近，往往近俗，每为通人所不屑道；故在好名之人，虽最初得力于浅近之书，往往终身讳莫如深，虽亲友亦不轻泄；设有人问入手方法，则决不肯告人以己最初所读之得力者，必别举一艰深之书，听者不察而深信之，始则扞格不入，继则望洋生叹，终亦必至甘于自暴自弃而已。余近年读书稍多，见理稍明，觉今昔文人所说，大抵夸而不实，高而不切，欺世之意多而利人之心少，自炫之意多而作育之心少。余十数年前，思温习《四书》，以应读何种注解，询之某先生，当世所谓经学大师也。某先生即以刘宝楠《论语正义》、焦循《孟子正义》对。余读之年余，毫无所得，以其博而寡要也。翻然改计，日取朱子《四书集注》温一二章，令可默诵，参以《四书反身录》《困勉录》《四书大全》《松阳讲义》《四书近指》《中庸集解》《论语集解》《论语义疏》《论语后案》及《通志堂经解》中宋元诸儒集释，自觉年有进境；此余身历之事。余深疾近世文人之诬诞，生平论学，誓不作欺人之语；学者但信吾言，终身自有受用真实之处；切勿尚虚名而受实害也。修习国学，必以诵读古书为本；不外圣经贤传及周秦诸子而已。自来学人苟于经子根柢之学无所窥见，虽文辞华赡，记诵宏博，终不免为无源之末学，不足贵也。而自秦汉以来，论诵读古书之法，无逾于朱子。朱子教人读书之法，散见于《朱子语类》及文集者不下百数十条。而最其指要，可分五端：书须熟读，熟则义理融浃，胸中不期效而效自至，一也。读书时，贵端身静虑，意不外驰，则气凝心明，义理自出，二也。心贵纯一，业尚专精；泛滥群书，不如精一；少得多惑，古训昭然，三也。圣意幽远，未易窥测；凡情浅鄙，悬隔天壤；偶有所见，未必即是；一有执着，即塞悟门，四也。吾生有涯，义理无穷，虚心观书，本意自见。穿凿强通，必多误谬，五也。古来名儒论学者众矣，求其精当切近，收效广而流弊少者，自以朱子之说为最。何也？词章考据之士，或规规于考订训诂之细，或沉溺于声调格律之中，不复探求经传之大义，心性之微旨，故其说琐细浅陋，终无当于圣贤之学。陆、王言学，扫去一切枝叶，直截根源，上智之士，闻其言而顿契微旨，自较径捷。然世多中人而少上智：精微幽玄之旨，自非常人所易领悟；稍有差误，天壤悬隔；强加附会，误人益深。朱子论学，以熟读精思、循序渐进为的；学者但循循不已，自有豁然贯通之一日。凡古人之书，读之，觉中庸平直，无矜才使气之语，而多忠厚恻怛之思者，必真实语也。初读之甚觉新奇可喜；继读之则无精意，其立说专求胜人，而惟以见知于世为务者，必多伪言也。尝见某禅师语录，有佛光魔光之辨，谓见之令人清凉安适者，佛光也；见之使人震耀荡惑者，魔光也！其说甚辨。读古人书亦犹是矣。然非曾经一番苦工，于学问根源处有所窥见者，亦未易辨其诚伪也。吾国旧书自‘六经’外，后儒说理精深者，殆无过于周、邵、程、张诸子矣，此稍有识者所公认也。然吾读数先生之书，苦不能明者，甚深微妙之义耳，至于字句之间，显明极矣，并无僻字奥语，予人以难解者。反之如近人龚定庵、汤海秋辈，举世所惊为奇才硕学者也。余诵其书数过，亦实无过人之见地，惟喜以奇字僻典困人，浅学者自觉难解。若以显明之笔出之，其意亦人所易知者也。诬世惑民，好名之过，于是著书者，拣难的写以炫人；读书者，拣难的读以误己。苏子瞻谓扬雄拣难的说以惊世钓名，往往以艰深文其浅陋，此实语也。”（见《青年修习国学方法》）

其论文士于道概乎未有闻曰：“秦汉以来，文人至昌黎极矣。其文诚足雄视百代，论其识无过人处。吾人于学以识为最难，亦最无可免强掩饰。凡识所不及者，闻其语可立见底蕴。昌黎作《进学解》，不啻自述其平生为学工夫。其论‘六经’曰：‘上窥姚姒，浑浑无涯。周诰殷盘，佶屈聱牙。《春秋》谨严，《左氏》浮夸。《易》奇而法，《诗》正而葩。’就‘六经’之文论之，昌黎之见自超卓；然于‘六经’之义，无一语道及；于以知昌黎之治经，亦仅玩其文辞而已；固无意于微言大义。阳明谓昌黎文人之雄，自是定评。人各有能有不能，后世之尊韩者，乃竟舍文而言道。不知韩之于道，实远不如宋、明诸儒。即就昌黎自述于儒之工夫，不过‘牴排异端，攘斥佛老’而已。且韩文之可附于论道者，不出《原道》《谏迎佛骨表》二篇，于是尊韩者遂以卫道辟佛，比于孟子之距杨墨。不知韩于儒既浅，于佛更一无所知，辟佛之语，粗浅不足取。顾亭林谓：'韩文公文起八代之衰，若但作《原道》《原毁》《争臣论》《平淮西碑》《张中丞传后序》诸篇，而一切铭状概为谢绝，则诚近代之泰山北斗矣。今犹未敢许之也。'诵者以为名言，顾余谓亭林之说非也。昌黎于道，所得本不深；即使昌黎不作谀墓之文，自知道者观之，昌黎于道学之地位，未必增高；而后世之增重韩文者，未必至于如此之极也。余谓昌黎之名，所以流传千古者，正惟其能多作铭状赠序等文；集中雄文名句，掇拾无尽。苏明允所谓'如长江大河，浑浩流转，鱼鼋蛟龙，万怪惶惑'，其气势魄力，均非后代文人所能及。凡人能有一事，足以独步千古，斯亦可自豪矣。何必强以其生平所不长之事，牵强附会以屈没其人之本来面目，不可谓非吾国文人之恶习也。东坡诗：'溪声便是广长舌，山色岂非清净身。'凡文人之喜谈禅者，咸奉为无上妙谛；即不知禅者亦喜其语之超脱。其实诗境尽佳；以云乎禅，则未也。宋天竺证悟禅师初习天台，为文字之学，谒护国此庵元禅师。语次，师举东坡《宿东林偈》，且曰：'亦不易到此田地。'元曰：'尚未见路径，何言到耶！'曰：'只如他道"溪声便是广长舌，山色岂非清净身"。若不到此田地，如何有这个消息？'元曰：'是门外汉！'曰：'和尚不吝，可为说破。'元曰：'却只从这里猛著，精彩觑捕着。若觑捕得他破，则亦知本命元辰落着处。'师通夕不寐。及晓钟鸣，去其秘蓄，以前偈别曰：'东坡居士太饶舌，声色关中欲透身。溪若是声山是色，无山无水好愁人！'持以告元。元曰：'向汝道是门外汉。'师礼谢。夫东坡之深于禅，王渔洋评苏诗所谓'淋漓大笔千年在，字字华严法界来'，文苑久传为美谈。平心而论，东坡天资高，生平喜读内典，又与佛印、元公友善，固不得谓于禅无知见者。然以未曾苦参实悟之故，就宗门正法论之，终难免目为门外汉也（见《辨儒释》）。金圣叹之慧，小慧也。其智仅足以知《水浒》《西厢》而已。余童时读其书狂喜，觅其所批古文《杜诗》不得，则悒悒不乐。后读所批《左传》《国策》古文等书，殊不称意。迨三十后读之，则见其纰缪百出。盖圣叹之慧，见小而不见大，见浅而不见深。《左》《国》杂记春秋人士之言行，虽非专言性道之书；然其义理固非《水浒》《西厢》之比。圣叹之智，自不足以识之矣。圣叹尚拟批《法华经》，未作而罹难。设此书成，则更不知所云矣。圣叹于根柢之学，本无所知；乃逞其私智，肆其谲辨。无识之徒从而附和之，乃其焰益张；于是以粗疏浅狭之心思，而欲概古昔圣贤精微幽深之义理，是何异以管窥蠡测之见，妄测虚空大海之高深（见《无题》）。恽子居雄于文，于桐城外独树一帜；而生平于禅，则仅玩弄光景而已。非真有所得也。其辑《五宗语录删定》一书，于历代古德之语，任意高下，漫加简择。文人之病，往往自视过高，以为天下事物之理，予既尽知之矣；其可以意识卜度，则穿凿附会之；其不能解者，则漫加诋毁，任意诬蔑，不复探索其真意之所在。而后人读其书者，又多才华之士，于禅理一无所知，徒惊其文辞之华赡，议论之闳肆，遂翕然心折，以为理实如是。不知向上一事，千圣不传；人间之聪明学问，至此丝毫无用力处；《楞严经》所谓'如

以手掌撮摩虚空，只益自劳。虚空云何随汝把捉'。恽之删定
《五宗语录》，是殆以手掌撮摩虚空之类也。近世嘉兴沈毂人先
生名善登，著《需时眇言》《大学顺文》，纠正紫阳《孔门大
义》为宋儒所遮抹者，郑重证明，尤为有功儒教；非汉学家沾沾
训诂而兴辨难者所可同语。而先生尤深佛学，著有《报恩论》一
书，见理精深，议论透辟。日本《续藏》已录其书。而论中于宋
儒拂佛，阳距阴用之处，尤抉剔爬梳，洞烛幽隐，为延庆本诸大
师及刘、沈、彭诸居士所未逮，近代不可多得之名著也！（见
《辨儒释》）《适来子》一书，华亭张润贞著。张撰述颇富，著
有《四书说》二十卷、《诗说》十卷、《卧易》二卷、《逸士
传》二卷、《诗文集约》二十卷，均未刊。《适来子》则刻于乾
隆乙亥，板散佚，复刊于嘉庆甲戌，坊间流传不多。受古书店有
一册，索价十元。余友某君许以八元，不肯售。其书四卷，似道
家言；而一、二两卷尤经心之作，亦近代一名著也。然余无取
焉。其病则在行文仿子家语，字模句拟，反少生气；至义则因袭
道家常谈。道家者流见之，皆糟粕耳；无取陈陈相因。苟仅习
考据词章之士，则并此亦未能了解；以义理虽非幽深，而辞句
则力求奥古，又非浅学所易明也。明道先生曰：'凡立言欲含
蓄意思，不使知德者厌，无德者惑！'此类著述，正使知德者
厌，无德者惑也。且一代之文，自有一代之气运习尚为之范围，
非可强同，亦非可强相摩仿。周濂溪之《通书》，邵康节之《皇
极经世》，张横渠之《正蒙》，自是宋代之文。薛河东之《读书
录》，陆桴亭之《思辨录》，自是明代之文。诸先生均未尝仿古
而自足传后。扬雄、王通，学识非不过人，徒以仿《周易》《论

语》之故，反腾后人之讥谤。书之传不传，文辞之高古不高古，固在此不在彼也。"（见《伦理学》）

其论清代学者曰："清代治程朱之学者，就余私见言之，自当推太仓陆桴亭先生为最。乃论者竞称陆平湖、张杨园两先生，则未免耳食之论也。顾亭林先生以过人之天资学力，竭毕生之精力而成《日知录》一书；然以与陆之《思辨录》较，则尚不逮。余读《思辨录》凡数次：初泛览一过无所得；四十后读之，始觉有意；其后每读一过，则意味愈隽；顾世人知读《思辨录》者鲜，读而好之者则更无几人。辛未夏，余于旧书店见湘乡刘蓉著《思辨录疑义》一书；以余好读《思辨录》也，见此书喜，亟购而读之，其失望。刘氏才智之士，与曾文正友善，文辞亦美；而于理学则仅涉猎清代治程朱学者之说；大约近师倭艮峰、唐镜海，远宗陆平湖、张杨园而已。于《思辨录》中言及心性精微之处，均疑之驳之，以为此即王学心学。盖刘氏所服膺者，均为清中叶理学家之说。当时讲理学者恶而讳言心；一言悟，则诋为禅学；一言心，即訾为王学；成为一时风气。刘氏习见之而不悟其非；今见《思辨录》所说，多异乎平日之所闻者，自不惮辞而辟之矣。其实舍悟舍心而言理学，吾不知所谓理学者，尚有何事耶？程朱平日言学，何尝不尚悟境，重性灵；其所以不肯轻言悟者，恐学者舍学而专期悟，则易蹈脱空之弊；不肯轻言则有之，非不言也。此意朱子于诏石洪庆时，已明明揭出其中苦心矣。若绝悟境，舍心灵而言理学，则惟清中叶后有此怪论；明以前所绝无也。当知心性之学，苟非真参实悟，即使践履笃实，充其极不过善人而止；所谓圣人，吾不得而见之矣。清初自熊相国赐履、孙侍郎承泽讲学，以排斥王学为务；一时矫饰之士，乃假卫道尊朱之名，以为趋逢迎合之计；托名至高，志实污下。同时方望溪为学，固笃守程朱者也；然不以当时诸人攻击王氏为然。其文如《重建阳明祠堂记》《鹿忠节公神堂记》，皆发明此意；而《阳明祠堂记》言尤痛切；谓：'自余有闻见，百数十年，北方真儒死而不朽者三人，曰：定兴鹿太常、容城孙徵君、睢州汤文正，其学皆阳明王氏为宗。鄙儒肤学，或剿程朱之绪言，谩诋阳明以钓声名而逐势利。故余于生平共学之人，穷在下者，则要以默识躬行；达而有特操者，则勖以睢州之志事而毋标讲学宗指。'又曰：'阳明之门，如龙溪心斋，有过言畸行，而未闻其变诈以趋权势也。再传以后，或流于禅寂，而未闻其贪鄙以毁廉隅也。若口诵程、朱而私取所求，乃孟子所谓失其本心，与穿窬为类者。阳明之徒，且羞与为伍'云云。望溪殆深悉当日诋毁阳明者之隐，故不觉其言之痛也。熊、孙既以朝贵而倡排斥王学之说，登高而呼，附和者众。当时号称大儒者如陆清献、张杨园、张武承辈，亦以诋毁阳明为务。清献之名尤高。风气已成，凡稍有志于理学者，必先以攻击陆、王为务，一若非此不足自名正学者；又承汉学家支离繁琐之弊，梳文栉字，析及毫芒，繁称博引，游衍而不得所归；盖至是举世已不复知有心性之学矣。于是见昔贤精微高深之论，凡非己所能解者，则概以王学心学斥之。陆、王之学既避之若浼；而程、朱之学，至是亦尽失其精意矣。于是陆、王之学亡，而程、朱之学亦随之俱亡。清季好学之士，亦有心厌汉学之繁琐无当，反求诸宋学以修己教人者；唐镜海、倭艮峰二公治之尤勤。顾唐、倭之学，以平湖、杨园为宗；外此者皆目为异说。唐撰《国朝学案小识》，专标此旨。然陆、张之学，醇正有余，精微不逮。唐、倭复专宗之而悉摈其余，则规模更形狭隘，意趣更觉肤浅。曾文正以命世之英，生平治学艰苦绝人，所得亦于近人为最；而治理学则师确慎而友文端，故其所得亦仅止此；不能与宋、明诸贤媲美。风气囿人，贤者不免。迨清末而徐桐辈以仅习制艺之腐儒，亦觍然以道学家自命；于是理学益为人所轻视。欧化东渐，举世舍其旧而新是图。于是数千年来所恃以维持国脉民心者，至此根本动摇矣。"（见《论理学》）

　　其论东西学术之不同曰："近人喜言以科学治学方法整理国学者，是殆未明吾东方固有之学术，其性质与今之所谓科学者迥别。研究科学及一切形质之学者，如积土为山，进一篑有一篑之功，作一日得一日之力，论其所得之高下浅深，可以计日课程而为之等第也。治心性义理之学者，如掘地觅泉，有掘数尺即得水者，有掘数丈始得水者，有掘百数十丈然后得水者，有掘百数十丈而终不得水者，有所掘深而得水多，亦有所掘深而得水反少者，有所掘浅而得水少，亦有所掘浅而得水反多者；而所得之水，又有清浊之分，甘苦之别，不能克日计工，而衡其得水之多寡清浊也。其一旦得水也，固由于积日累功而成；然当其未及泉也，则无论用力如何勤苦，经营如何之久，若欲预计其成功之期，则固无人能言其明确之时日者也；所谓掘井九仞而不及泉，犹为弃井也，治心性义理之学，亦犹是矣。当其体察钻研，沈潜反复，虽志壹气凝，用力极其勤奋；苟未至于一旦豁然贯通之日，则无论用力如何勤苦，杳不知其成功之究在何时也。且此所谓一旦者，不能以日计，不能以月计，亦不能以年计；但由正知正见而入，至于用力之久，则终当有此一旦已耳；然亦有用力既勤且久而终无此一旦者，亦正不鲜。就其大别言之，有得人一言之启发而即大悟者，有积数年数十年之力学苦参而始悟者，有勤奋终身而仍未大悟者，有勤奋终身而终不悟者。盖学之偏于实者，其程效可以计功计日。学之偏于虚者，苟非实有所悟，则决无渐臻高深之望。语其成功，不闻用力之多寡，为时之久暂也。明陈白沙先生论学曰：'学有由积累而至者，有不由积累而至者。有可以言传者，有不可以言传者。'大抵由积累而至者，可以言传也。不由积累而至者，不可以言传也。东西学术之别视此矣。凡西哲之学问，莫不重系统，有阶级，故其学皆由积累而至，皆可以言语文字传授者。若吾东方之学术则异乎是。不特性命之根源，精微之义理，本非可以积累而至，可以言传；即九流末伎如医卜星相之徒，苟语及精微之处，设于道一无所知，则终身亦决无自臻于高明之境。道如一大树，圣贤得其根干，方伎得其枝叶；此中道妙，父不能传之于子，师不能授之于弟；亦不由积累而至，亦非可以言语传授者也。圣贤相传之道，非古圣能创作也；不能因其固有之道举以告入耳。如黄山天台之景，天下之奇观也；然此境非吾曹所能创造，亦非吾曹所能建设；天地间原有此境；欲知此境，只须亲到亲见；圣贤不过先到此境，先见此境而已。吾人苟能笃信古圣之所指示，孳孳日进，终必有实到此境，实见此境之一日；迨已到已见之后，方知此境本为古今人人之共有，既非先圣所能创作，亦非后圣所能改造。且如黄山天台，天地间既实有此山；此山终古不改，则凡曾到此山者，其所见即无一不同。千万年以前，曾见此山者，所说如是；千万年以后，凡见此山者，所说亦必如是；决不能于实际增益分毫，亦决不能于实际减削分毫，以稍有增减，即与固有者本然者不合也。历圣所传之道亦犹是矣。道既无二，道既不变，历圣既同传此道，宜所见无不同，所说亦无不同矣。不独尧、舜、禹、汤、文、周、孔、孟同此道也，即推至羲、黄以前，下至后世程、朱、陆、王之所见，旁及柱下漆园之所说，亦无不同也；不特中国诸圣之道同也，即西方大圣人所说，若语道之根源，亦无一不同也。盖地无分东西，时无分今古，凡圣人设教之本心，无非欲世人共知此道，共明此道而已。此道范围天地，无古无今，先天不违，后天奉时，诸圣之所明者明此，诸儒之所学者学此；不明此，不足以为圣；不知此，不足以为学；所谓惟此一事实，余二即非真之大道；无论何时何人，决非可以凭一己之心思才智，创立新说异见者也。以孔子之大圣，犹云述而不作。窃尝论之，既为圣人，必明大道；既明大道，即无可作。孔子祖述尧舜，无所谓作也；即尧舜亦不得谓之作，不过祖述尧舜以上之圣人而已：推而至于羲、黄以来，均述而非作；即推而至于羲、黄以上，亦无人可称作者。何也？所谓圣学者，盖天地间实有如是一件道理，圣人不过知此见此觉此说此，欲人人共明此而已。此实际之道理，圣人不能增益分毫，亦不能减损分毫；如天地间既实有黄山天台等山，前人曾游此山者，既说山之高低远近以示世人矣；山既经古今无稍改变；宁有后人见此山者，其所说竟与前人异乎？且此道不因世生圣人而有，亦不因世无圣人而灭；故道因圣人之存亡而分晦明，非因圣人之存亡而生有无；犹山初不因游人之多少有无而少改变其原有状态也。若云圣人有所创作，则此道不啻已为圣人所私有；已不能渭之先天而天不违，后天而奉天时之大道矣。故曰：'先圣后圣其揆一也。'又曰：'东海西海有圣出，此心此理同也。'西儒之言哲学，则全与之相反。哲学派别既多，意见各异。一说既兴，则必有绝对相反之说与之并立；故既有一元说，则即有二元说起而与之抗；既有唯心论，则更有唯物论出而与之争；各是其是，无所折中。而研此学者亦必兼收并包，莫定一尊。既无同揆之可言，更难期收一贯之效。是故西儒之治哲学，如人造园庭，各人所作各各不同。一人所作之园庭，可由一人之意匠经营而为建设布置；故后人所作之园庭，不必同于前人，亦不难胜于前人。是以西儒之治哲学，往往后胜于前，今密于古，不同东方人之学道者，先圣既造其极，决无后可胜前之理；无论后人用力如何勤奋，悟道如何深远，谓所见同于先圣，可也；谓所见等于先圣，可也；若谓所见异于先圣，或谓其过于先圣，则非愚即妄矣。为学之道，惟信为能入。孔子曰：'信而好古。'又曰：'笃信好学。'子张曰：'执德不宏，信道不笃，焉能为有，焉能为亡！'而以今日学者之浅陋，读圣贤精微之经传；苟非信至极处，决难望有所得也。无论天资如何高明，用工如何勤奋，愿十年之内，万不可轻言有疑，惟当以全身靠在圣贤语言上，然后虚心静气，优游玩索，以身体之，以心验之，从容默会于幽闲静一之中，超然自得于书言象意之表。如口之于味，鼻之于臭；吾人欲知味臭之区别，设非亲尝之，亲臭之，则决无真知确见之可言。论味则蜜与糖同甘，而糖之甘自异于蜜；梅与醋同酸，而醋之酸不同于梅。论臭则兰蕙与旃檀之香同而复有别；鲍鱼与屎溺之臭同而不相混；若欲详辨四者之分别，虽使善文者覃思深虑而出之，仍不过得其仿佛而已；若复令读者其文，即可辨其异同，则虽上智亦决不能也。然使其人一尝其味，一嗅其臭，则虽愚夫，亦能立辨之而无爽焉。此即阳明所谓'哑子吃苦瓜，与尔说不得，尔要知此苦，还须尔自吃'。悟即自吃之谓也；可知不自吃，则终不知味；不自悟，则终于道无所得也。由信得悟，由悟证道。古人之论悟道也，曰：'言语道断，心行处灭。'又曰：'口欲言而辞丧，心欲思而虑亡。'又曰：'穷诸玄辩，若一毫置于太虚。竭世枢机，似一滴投诸巨壑。'非古人好为微妙幽深之语，使世人难于窥测也。盖有以见道体本质如此。故曰：'此事极奇特，极玄妙，而又极平庸，极真实。'其入手最要之方，则莫若静；静而后能定；既静且定，然后能发慧；则吾心广大本体灵光发见，然后方可期有得耳。由信得悟；由静生明，惟静而后能虚灵。宋儒言心以虚灵为贵，此言亦善；必虚而后能灵；既虚且灵，方能默契先圣精微之旨。若专以博学多闻为贵，终其身皇皇然以搜求捃摭为务，如清中叶汉学家之所为，则此心已实而窒矣；实而窒，又焉能悟道妙哉！所以学道者，决非博观强记探赜索深之谓；必澄心息念，收视返观而后期有得；其未得也，不能克日计功，由于积累而成；其已得也，先觉者亦不能以言语文辞，传之后进；学者苟非真参实悟，无由知其妙微。若西儒之治哲学，则不外博览群书，广采物情，全凭意识以为推求，历举事例以为比较，无所谓澄心返观之法也。大抵西人治学之途径，不外分别比较二术；名数质力，日扰其心，终日思索，神劳则昏，尚安有心体灵光发见之一日耶？圣贤之学，全由圣贤心体灵光发见，非由外得。故言道学者，前圣已造其极，决无后可胜前之理；故学儒者决无人能过孔、孟；学道者决无人能过老、庄；学佛者决无人能过释迦。学者既明此理，则但当终身安心作孔、孟、老、庄之信徒，不当妄思欲作孔、孟、老、庄之试官。若近日浅人之所为，字意未明，句读未真，便欲评其高下，论其是非，是无异人人可作孔、孟、老、庄之试官矣。人人欲作孔、孟、老、庄之试官，势必至无人复能解孔、孟、老、庄之真意矣。"（见《东西学术之不同》）

其论三教会通曰："天下物极必反。自清季倡言变法，朝野上下，事事舍旧图新；乃扰攘二十年，纪纲堕地，未收变法之效，先亡立国之本；法愈新而国事愈紊，学愈新而民德愈下。深思远虑之士，知徒事纷张，无补实际，欲返而探求古昔圣贤学术之纲领，治国之要图，乃复索诸宋、明理学，旁及释道二教之说，于是会通三教之说，复弥漫于国中；聚徒立说，所谓某社某教者比比而是。信奉其说者，不仅乡愚妇孺；乃至达官贵人，奉为至教，信为大道，为之奔走扶持；亦有名士宿学，入社奉教。余初不解所以；迨推求其故，而知事之不偶然也。清季革命，争民施夺，士大夫日以科学之功利主义，陷溺其心，头没头出，心神胶扰；而于此有人焉，广谈心性，语多玄妙；闻之形神洒濯，欢喜赞叹；譬之久居炎瘴之地，骤入清凉世界，翻然信奉而不悔者，自出于诚意好善之心，未可以浅薄而厚非之也。然以好学向善之心，转为诐辞邪说所蔽惑，不复知有真知真见，此固天下事之最可痛心者。三教分立，由来已久；虽根本之地，原无不可会通之处；然门庭施设，各自不同；通一教已不易，而侈言会通乎！自古兼通儒释二教者，如宋之明教嵩、东林总、大慧杲，

明之莲池、憨山，居士如杨大年、张无垢、耶律晋卿、宋景濂、
赵大洲辈，其初皆由一门深入，得发妙悟，复余力兼及，自易了
解；其兼通佛、道二教者，则自古罕闻。盖禅门鄙道家为外凡，
深通佛理者决不复羡长生；而道家亦以性命双修为独得之秘，不
肯舍己从人；故道家除宋张紫阳外，其著作鲜能入佛知见者。以
一人而会通三教，谈何容易！且诸公之书俱在，在佛言佛，在儒
言儒，在道言道，即兼通而不必会通。如张紫阳著《悟真篇》，
叙金丹要术，则不杂宗门一语；而著外集，则演禅门中最上一乘
宗旨，亦不杂玄门一语；未闻一书之中，必以融通贯串为贵也。
三教各有微言大义，其教人入门之途径，又各不同，决不可强为
比附；又未易轻言会通也。乃今之言会通者，惟捃摭门面之语以
为装点掩饰之计，既以长生成仙之说，动俗人之歆羡，又标窃
一二虚空玄通之谈以欺浅陋不学之辈。始以名利之故，惑世诬
民；继见附从者众，益大言不怍，靦然以教主自居；不知为知，
未悟言悟，谤大般若，种地狱因，世间恶业，未有甚于此者。而
始创三教合一之说者，为明季林兆恩，即世所谓林三教，著《三
教正宗》一书；虽无精义，然尚不如近日所说之谬。清同治五
年，山东黄崖之狱，教首张积中，江苏仪征县人，其教即溯源于
林三教，寻遭诛夷。国体既更，教禁遂弛，往昔秘密之会社，咸
得公开传授，异说蜂起，虽同标三教合一之旨，而派别分歧。有
论其仪式则为佛教，然教中所传授者，不外吐纳导引升降之术，
则又道教之支流焉。有所诵之经，不过禅门日诵中之数种，与僧
徒无异者。亦有释道二教寻常通行之经，其徒均未列入日课，别
由创教之人造成一经，教中人视为秘本，非经教中规定之等级不

能传授，绝不许教外人见之者。有传教之人及教中刊布之书，专喜引用《学庸》《易经》中语，骤视之似儒教，而推究其旨，则专以金丹大道之说强加附会，实于儒门本义不啻千里万里者。聚徒立说，多者或数百万人，少亦不下千百焉。"（见《论三教异同》）

其表章潜德朴学曰："清季宣统三年间，余肄业京师大学分科。一日，余至东安市场，见地摊上卖旧货者，有译学馆《舆地讲义》百数十册。余未入分科前，先毕业于译学馆，一见此书，即惊异；问其价，则每册仅铜元四枚，全书共四册，以洋白连史纸印，亦颇华美，每册约百页，四册价铜元十六枚，可谓廉矣。问此书购者多乎？答中国无人要，日人购去百余本耳。闻之令人短气。余知此为湘潭韩朴存先生手笔。先生为地理专家，与邹代钧先生齐名，共创舆地学会；此书以四年之岁月脱稿，殆先生毕生心力之所寄焉。同时任译学馆历史教员者为驻日公使汪衮父先生，才华绝出，年少负高名，而心折韩先生之笃学，遇历史地理有疑者，必以问先生。吾乡杨逊斋先生生平专攻史地之学，历任北京大学、浙江高等学校讲座逾三十年，每语余曰：'译学馆《舆地讲义》极精审，决非外省坊间所能成也。'以如此精审有用之书，又以举世罕有之廉价，乃以国人之无人过问，而为日人捆载以去，供其侵掠窥伺之资；天下伤心之事，孰有过于是者乎！此书至今无人为之重印，其实决无第二种中国地理书可与比者。设日人窃为己有，以之出版，或反能一新吾国人之耳目，群震为外国学者之名著。此事往来于余心者逾二十年，平居每一念及，辄凄然欲涕焉。又吾乡有宿儒范柳堂先生者，长于考据史地之学；生平无它嗜好，惟喜读书；年七十余，尚不一日废书，曾任吾郡中学教员，入民国后，任浙江统志局编纂五六年，以编纂《天台山志》，身入天台山，为学不苟如是。先生杜门寡交游，乡人知之者亦鲜；乃以民国二十年秋，北平某文化会会长桥川时雄者，忽致函，辞极挚谦，谓'钦慕之日久，前月南下，本欲面领教诲，乃至车站，狂风暴雨，不克如愿。先生著作，如有已刊者，请各寄一部；未刊者录副见赐'。先生如其言。复信则措词弥恭，谓'奉读大作，无异贫儿暴富。未刊之稿，倘蒙许可，当敬为代刊以广流传'。会东北事发，先生乃不复作覆。先生在乡里，目之为古董，为怪物，终岁无人登门；乃异国人反能于数千里外慕其名，索其书，殷殷请求，珍逾球璧，是亦有识之所悼心，志士为之短气者也。"（见《无题》）

观其所称，见解超卓，议论中正，以聪明人，说老实话；其论不必为近十年发；而近十年之国学商兑，惟先生殚见洽闻，洞见症结，人人所欲言，人人不能言。要删如上，以备成多学治国闻者考览焉。

（原载于1932年《光华大学半月刊》第3卷第9期）

近百年湖南学风

一、导　言

湖南之为省，北阻大江，南薄五岭，西接黔蜀，群苗所萃，盖四塞之国。其地水少而山多。重山迭岭，滩河峻激，而舟车不易为交通。顽石赭土，地质刚坚，而民性多流于倔强。以故风气锢塞，常不为中原人文所沾被。抑亦风气自创，能别于中原人物以独立。人杰地灵，大儒迭起，前不见古人，后不见来者，宏识孤怀，涵今茹古，罔不有独立自由之思想，有坚强不磨之志节。湛深古学而能自辟蹊径，不为古学所囿。义以淑群，行必厉己，以开一代之风气，盖地理使之然也。

天开人文，首出庶物以润色河山，弁冕史册者，有两巨子焉：其一楚之屈原，著《离骚经》，以香草美人为比兴，以长言永叹变四言，铿锵鼓舞，于三百篇之外，自成风格，创楚辞以开汉京枚马之词赋。其一宋之周敦颐，作《太极图说》《通书》，契性命之微于大易，接孔颜之学于一诚，而以太极人极发明天人之蕴，倡理学以开宋学程朱之性理。一为文学之鼻祖，一为理学之开山，万流景仰，人伦模楷，风声所树，岂徒一乡一邑之光哉！然为生民立极，为天地立心，而辅世长民，一本修己者，莫如周敦颐之于宋，其次王夫之之于明。周敦颐以乐易恬性和，王夫之以艰贞拄世变；周敦颐探道原以辟理窟，王夫之维人极以安苦学。故闻夫之之风者，顽夫廉，懦夫有立志；闻敦颐之风者，鄙夫宽，薄夫敦也。敦颐，道州人；夫之，衡阳人。湖南人而有此，匪仅以自豪乡曲，当思以绍休前人。

自昔子思作《中庸》以说天命之性，而孟子道性善以修率性之道，开宗明义，而未有体系，所以"理"而不为"学"。至周敦颐乃本《中庸》以上推之《易·系辞传》，而后天命之性、率性之道，有体有系，厘然秩然。犹若以为未足，更本《易·系辞传》以旁推交通诸《老子》"道可道，非常道""有物混成，先天地生"，拈出"太极无极"之义，以补《易系》之未所言，而后先天之道，天命之性，有体有系，厘然秩然。观其《太极图说》曰："无极而太极。太极动而生阳。动极而静，静而生阴。静极复动，一动一静，互为其根。分阴分阳，两仪立焉。阳变阴合而生水火木金土，五气顺布，四时行焉。五行一阴阳也，阴阳一太极也，太极本无极也。五行之生也，各一其性。无极之真，二五之精，妙合而凝。乾道成男，坤道成女，二气交感，化生万物，万物生生，而变化无穷焉。"盖融《老子》《易系》之义而冶之一炉者也。"太极"之词，出自《易系》；而"无极"之义，则参《老子》。老子言："无名天地之始，有名万物之母。""无极而太极"也。老子言："天下万物生于有，有生于无。"则所谓"五行一阴阳""阴阳一太极""太极本无极"也。"太极无极，二而一，一而二"，此老子"有""无"双观之所以"同谓之玄"也。太极图⚭中间一〇，即"易有太极"也。〇旁两抱，即两仪二画也。不过伏羲在太极上面直画两画成三，而敦颐却把伏羲两画弯转，抱在太极两旁，亦从《老子》"负阴抱阳，冲气以为和"之说悟出。老子所谓"道生一，一生二，二生三，三生万物"，统体一太极也。"万物负阴而抱阳，冲气以为和"，物物一太极也。"太极"二字，原本《易系》，尚是祖述孔门之旧。至于"主静立人极"，"人极"二字，则自敦颐始发之。其后从"人也得其秀而最灵"云云，皆说"人极"。人极与太极对勘而论，以明天人相与之际，绝非矫揉造作。故人能践形，即能尽性；能尽性，即能达天。天人一理，此敦颐立言之旨，而以《太极图说》挈其要，以《通书》畅其义。"定之以中正仁义而主静立人极"，"主静"二字，是立人极之本。"中正仁义"，又是主静之实落处。然"主静"之下，又自注曰"无欲故静"。"无欲"者，无人欲；无人欲，则纯乎天理矣。而"诚"以立其本，"几"以神其用。夫道非"诚"不立，非"几"不行。事之大小，天下之治乱，皆有"几"者行其间。天也，固人也。事有理有势，而行之必有其几，此则众人之所忽，而豪杰有为者之所必争也。敦颐言"诚神几谓之圣人"，"诚"者本也，"神"者用也，"几"者介乎动静之间。故曰："动而未形，有无之间，几也。"茍事之初，有审几之明；及事变之歧出，又有赴几之智。一得其几，而万险胥平；一失其几，丛脞百出，咫尺皆荆棘也。然非"主静"者，不能审几赴几；而非"定之以中正仁义"，则审几赴几而或流于狙诈惨礉，吾见亦多矣。此敦颐所为"定之以中正仁义而主静立人极"也。程氏颢、颐，理学之宗，而兄弟受业。敦颐每令寻孔颜乐处，所乐何事。颢尝曰："自再见周茂叔后，吟风弄月以归，有'吾与点也'之意。"以其世居道州营道县濂溪上，世称"濂溪"先生。

周敦颐生当太平，王夫之身历世屯，而以明庄烈帝崇祯十五年举于乡。目睹是时朝政，刻核无亲；而士大夫又驰骛声气，东林复社之徒，树党伐仇，日寻于恩怨；发而为文章，黜申韩之术，嫉朋党之风，长言三叹而未有已。既一仕桂王，为行人司，知事终不可为，乃匿迹永、郴、衡、邵之间，终老于湘西之石船山，世称"船山先生"。清盗诸夏而抚定之，搜访隐逸，次第登进。虽顾炎武、李颙之艰贞，而征聘不绝于庐，独夫之深闳固藏，邈焉无与。平生痛诋党人标榜之习，不欲身隐而文著以求反唇，用是其身长遁，其名翳寂。其学出于宋儒张载，载著有《西铭》《正蒙》等书，其学以仁为宗，以礼为体，而深信周礼为必可行于世。夫之则注《正蒙》数万言以讨论为仁之方，为《礼记章句》数十万言以阐明记礼之意。昔仲尼好语求仁，而雅言执礼；孟子亦仁义并称。盖圣人所以平物我之情，而息天下之争，内之莫大于仁，而外之莫急于礼。因人之爱而为之文饰以达其仁，因人之敬而立之等威以昭其义，虽百变而不越此两端也。夫之荒山敝榻，终岁孜孜，以求所谓育物之仁，经邦之礼，穷探极论，千变而不离其宗，旷百世不见知而无所悔，虽未为万世开太平以措施见诸行事，而蒙难艰贞以遁世无闷，固为生民立极。周敦颐光风霁月，饮人以和；夫之则茹苦含辛，守己以贞；周敦颐以道自乐，从容涵泳之味洽；夫之则历劫勿渝，历世磨钝之节坚。翘企高风，诗不云乎："我思古人，俾无訧兮。"

降而晚近，世变亦益亟矣！百年以还，欧化东渐。挠万物者莫疾乎风，君子以独立不惧。而习尚之所蒸，抑有开以必先。汤鹏尚变以自名一子，魏源通经而欲致之用，胡林翼、曾国藩、左宗棠扶危定倾以效节于清，郭嵩焘、谭嗣同、章士钊变法维新以迄于革命。新旧相劘，问学殊途，而要之有独立自由之思想，有坚强不磨之志节。湛深古学，而能自辟蹊径，不为古学所囿。志在于淑群，行不害违众，精神意趣，则无不同。余违寇来湘，披览著书，颇亦窥其指要，观其会通。睹记所及，写成是编，衰录汤鹏、魏源以下，得若干人以尽其变。上推周敦颐、王夫之两贤以端其趣，而行毋绳以求备。人不拘于一格，大者经文纬武，次则茹古涵今，略其是非功罪之著，而彰劬学暗修之懿。所贵好学深思，心知其意，用之则辅世长民，不用则致知穷理。内圣外王，在湘言湘，岂徒为诏于来学，抑亦自振其衰朽。凡我共学，倘能恢张学风，绳此徽美，树规模，开风气，以无忝于前人，岂徒一校之私以为幸，国家景命，有利赖焉。昔罗泽南以一老诸生，假馆四方，穷年汲汲，与其徒讲论濂洛关闽之学，师弟礴切。而其弟子王鑫，李氏续宾、续宜兄弟，杀敌致果，卓有树立。吾党身厕上庠以糜大官之廪，所凭藉什伯于罗氏师弟，则所树立亦必什伯于罗氏师弟，乃足以副国家之作育。景行行止，在吾党好为之耳。尚乃勖哉，毋陨越以遗前人羞。

二、汤鹏　魏源

清治至道光而极敝，清学至道光而始变。于时承平之日久，主溺晏安，大臣委蛇持禄，容说以为忠；士人汩没科举，诗书以干泽。即有魁异杰出之才，不安固陋，而声气标榜，呼朋啸侣，桐城文章以学古，休宁名物以张汉，文史雍容，姑以永日，而辅世长民，以为非分。傥有文章经国，志气拔俗，发强刚毅足以有执，文理密察足以有别，发聋振聩，大声疾呼者，可不谓之豪杰之士哉！吾得二人焉：曰汤鹏，曰魏源。

汤鹏，字海秋，益阳人。擢道光三年癸未进士第，年甫二十，所为制艺，列书肆中满街。士人模拟相踵得科第，而鹏唾弃不复道，专力为诗歌，自上古歌谣至三百篇、《离骚》、汉魏六朝下暨唐诗，无不形规而神挈之，未几得三千首。其始官礼部主事，为文章下笔不自休，大臣以为才，选入军机章京，补户部主事，转贵州司郎中，擢山东道监察御史。年始三十余，意气卓厉，谓天下无不可为者，徒驰骋文墨以自标置，无当也。于是勇言事，未逾月三上章，卒以得罪，罢御史，回户部员外郎，转四川司郎中。是时，英人扰海疆，求通市。鹏已黜，不得言事，犹上书大臣转奏善后条陈三十事，报闻而已。鹏居曹司久，而负才气，郁不得施，以谓："事有积之已久则弊，而守之以周则枯；坏之已甚则匮，而处之以瞋则愚；振之以大声疾呼则訾其激，而荒之以流心佚志则厚其羞；料之以深识早计则嫌其躁，而亟之以颓光倒景则郁其忧。是故君子不能毋尚变。尚变云何？尔乃君毋过尊而自比于天地之大，臣毋过卑而下同于犬马之贱。大臣毋席尊荣以谩小臣，毋小其职掌乃并其聪慧气力而一例小之也。小臣毋畏谴何以媚大臣，毋大其爵秩乃并其神理骨干而一例大之也。国故毋有所支离禁忌而不以告人，民情毋有所增饰而不以上闻也。是则与天下臣民共其趣向，非则与天下臣民共其愧墨，功则与天下臣民共其欢欣，过则与天下臣民共其惩创。公辅毋自其岁月资格为之，将帅毋自其宗藩世胄为之也。机密宜选老成忠謇以厚其德、直其义；封圻宜兼文武干济以鸿其体、实其用；谏议宜格君心杜门户以申其直、示其大；守令宜引英俊擢三公以重其选、拔其尤。轻重贵贱之等，毋封己见以成倒置也；治忽安危之机，毋戾众志以得惨报也。科目毋徇文字，登进毋涉苟且也。军旅毋溺宴安，训练毋徇故常也。粟米之产，毋委以地气而不广生，毋限以农工而不众也。盐筴之利，毋敝以官守而不约束，毋画以疆界而苦迂滞也。而归之览上下古今善败得丧，毋涉其故而忘其新。闻变则骇者，无识而陋者也；稍变而留其半者，有志而懒者也。可变则变者，智也；不变不止者，勇也。变然后宜，宜然后利，利然后善者，仁也，义也。苟不得施于事而著之言。"

于是为《浮邱子》一书，立一意为干而分数支，支之中又有支焉，则支复为干，支干相演以递于无穷。大抵言军国利病，人事情伪，开张形势，根极道德，一篇数千言者，九十一篇，计四十余万言，而植之以学，索之于古，以谓："君子纳之于轨物，然后能裁之于义理；裁之于义理，然后能详之于体段；详之于体段，然后能鸿之于作用。君子曷施而每进益上如此也?《说命》之言曰：'王，人求多闻，时惟建事，学于古训乃有获。事不师古，以克永世，匪说攸闻。'是故君子必于古乎索之。曷索之?曰于古载籍乎索之。……是故读经则思其意，读史则思其迹。思其意，则奥而衍，使人变动光明而济；思其迹，则炯而严，使人中正比宜而静。""是故君子必读书则古，以握宰世服物之

本。考之《诗》，然后知性情；知性情，然后能款万物。考之
《书》，然后知政事；知政事，然后能著万物。考之《易》，然
后知阴阳；知阴阳，然后能妙万物。考之《礼》，然后知典则；
知典则，然后能衷万物。考之《乐》，然后知声音；知声音，然
后能和万物。考之《春秋》，然后知名分；知名分，然后能戒万
物。考之《论语》《孝经》，然后知言行；知言行，然后能体万
物。考之《大学》《中庸》，然后知体用；知体用，然后能总万
物。考之历代之史策，然后知成败之凡；知成败之凡，然后能操
万物。考之当代之彝训，然后知创述之委；知创述之委，然后
能巩万物。"每遇人，辄曰："能过我一阅《浮邱子》乎？乃
所愿，则学周公孔子之学，志周公孔子之志，以文周公孔子之
文也。"然其学主王霸杂用，出入儒与名法，而不纯学周公孔
子。其语杂糅孟轲、韩非，引物连类，旁征史实，而归宿于称说
《诗》《书》，则又似《荀子》书之引《诗》以卒篇。而其行
文，则好为排比，体仍制艺，而自出变化，震荡陵厉，时而云垂
海立，时而珠圆玉润，连犿旁魄，时恣纵而不傥，读之者目眩神
夺，争之强，辩之疾矣。足以夺人之心，移人之志。傥后来康有
为、梁启超报章文新民体之所昉乎？他所著述，如《明林》十六
卷，指陈前代得失。又有《七经补疏》，阐发经义；《止信笔初
稿》，杂记见闻。诸书皆出示人，惟《止信笔初稿》人多未见。
或问之，曰："此石室之藏也。"尝谓其友人曰："汉以后作
者，或专攻文辞，而义理不精，经纶不优；或精义理，优经世，
而不雄于文。克兼之者，惟唐陆宣公、宋朱子耳。吾欲奄有古人
而以二公为归。"其自许如此。

　　魏源，字默深，邵阳人。嘉庆己卯及道光辛巳两中湖南副榜。壬午，举顺天乡试，冠南籍。试卷进呈，宣宗手批嘉赏，名籍甚。明年为道光三年癸未，典会试者必欲罗致之以邀上眷。得一卷，文章绝类，及揭晓，则汤鹏也。而源不第，入资为内阁中书，改知州，游江南。而安化陶澍方官江苏巡抚，寻擢两江总督，兼管盐政，于源为乡先达，用其议以创海运，改盐法，国裕而民亦利，有遗爱焉，焯为名臣，则源之以也。道光二十四年甲辰，第进士，发江苏，以知州用，补高邮州。前此治经而张今文者，则《春秋》而已，至源乃推而大之以及《诗》《书》，遍于群经。著《董子春秋发微》七卷，曰："所以发挥《公羊》之微言大谊，而补胡毋生条例、何邵公解诂所未备也。"《诗古微》二十二卷，曰："所以发挥齐鲁韩三家之微言大义，补苴其罅漏，张皇其幽渺，以豁除《毛诗》美刺正变之滞例，而揭周公孔子制礼正乐之用心于来世也。"《书古微》十卷，曰："所以发明西汉《尚书》今古文之微言大谊，而关东汉马郑古文之凿空无师传也。"而总其凡于《两汉经师今古文家法考》，曰："今日复古之要，由诂训音声以进于东京典章制度，此齐一变至鲁也。由典章制度以进于西汉微言大义，贯经术政事文章于一，此鲁一变至道也。"宣究今学，抉经之心，而博综子史，高谈王霸，宏我汉声，通经致用。以谓："豪杰而不圣贤者有之，未有圣贤而不豪杰者也。贾生得王佐之用，董生得王佐之体，合之，则汉世伊颜之俦也。秦汤方燠，九州为炉，故汉初曹参盖公沐之清风而清静以治。若乃席丰履豫，泰久包荒，万几丛脞于上，百慝养痈于下，乃不励精图治以使民无事，而但以清静为无事，有不转多事者乎？皇春帝夏，王秋霸冬，气化日禅，虽羲黄复生，不能返于太古之淳。是以尧步舜趋，禹驰汤骤。世愈降则愈劳，况欲以过门不入，日昃不食之世，反诸标枝野鹿，其不为西晋者几希。《诗》曰：'民莫不逸，我独不敢休。'工骚墨之士，以农桑为俗务；而不知俗学之病人更甚于俗吏。托玄虚之理，以政事为粗才，而不知腐儒之无用亦同于异端。庄生喜言上古，上古之风必不可复，徒使晋人糠秕礼法而祸世教。宋儒专言三代，三代井田封建选举必不可复，徒使功利之徒以迂疏病儒术。君子之为治也，无三代以上之心则必俗；不知三代以下之情势则必迂。其不可变者道而已，势则日变而不可复者也。天有老物，人有老物，文有老物。柞薪之木，传其火而化其火；代嬗之孙，传其祖而变其祖。今自为今，古乃有古。执古以绳今，是为诬今；执今以律古，是为诬古。诬今不可以为治，诬古不可以语学。自古有不王道之富强，无不富强之王道。《易》十三卦述古圣人制作，首以田渔耒耜市易，且舟车致远以通之，击柝弧矢以卫之。禹平水土，即制贡赋而奋武卫；《洪范》八政，始食货而终宾师。无非以足食足兵为治天下之具。后儒特因孟子义利王霸之辩，遂以兵食归之五霸，讳而不言，曾亦思足民治赋皆圣门之事，农桑树畜即孟子之言乎！王道至纤至悉，井牧徭役兵赋，皆性命之精微，流行其间。使其口心性，躬礼义，动言万物一体。而民瘼之不求，吏治之不习，国计边防之不问：一旦与人家国，上不足制国用，外不足靖疆圉，下不足苏民困，举平日胞与民物之空谈，至此无一事可效诸民物，天下亦安用此无用之王道哉！曷谓道之器？曰礼乐。曷谓道之断？曰兵刑。曷谓道之资？曰食货。道形诸事谓之治，以其事笔之方策，俾天下后世得以求道而制事，谓之经。藏之成均辟雍，掌以师氏保氏大乐正，谓之师儒。师儒所教育，由小学进之国学，由侯国贡之王朝，谓之士。士之能九年通经者，以淑其身，以形为事业，则能以《周易》决疑，以《洪范》占变，以《春秋》断事，以《礼》《乐》服制兴教化，以《周官》致太平，以《禹贡》行河，以三百五篇当谏书，以出使专对，谓之以经术为治术。曾有以通经致用为诟厉者乎？以诂训音声蔽小学，以名物器服蔽三礼，以象数蔽《易》，以鸟兽草木蔽《诗》，毕生治经，无一言益己，无一事可验诸治者乎？呜呼！古此方策，今亦此方策；古此学校，今亦此学校。宾宾焉以为先王之道在是。吾不谓先王之道不在是也，如国家何！《诗》曰：'匪先民是程，匪大犹是经，维迩言是听，维迩言是争。'自乾隆中叶后，海内士大夫兴汉学，而大江南北尤盛。苏州惠氏（栋）、江氏（声），常州臧氏（镛堂）、孙氏（星衍），嘉定钱氏（大昕），金坛段氏（玉裁），高邮王氏（引之），徽州戴氏（震）、程氏（瑶田），争治诂训音声，瓜剖脉析，视国初昆山、常熟二顾（炎武、祖禹）及四明黄南雷（宗羲）、万季野（斯大）、全谢山（祖望）诸公，即皆摈为史学非经学，或谓宋学非汉学，锢天下聪明智慧，使尽出于无用之一途。独武进庄方耕侍郎（存与），生于其时其乡，其学能通于经之大义，西汉董、伏二先生之微森，未尝凌杂脉析，世之语汉学者鲜称道之。呜呼！吾所谓真汉学者，庶其在是。所异于世之汉学者，庶其在是。至嘉庆道光间，而李申耆先生（兆洛）出，独治《通鉴》《通考》之学，以地证史，以史治地，起三代两汉魏晋南北朝唐宋元明，用康熙乾隆《皇舆一统图》朱印，墨注古地名其上。每代各为一图，号曰《历代沿革图》。疏通知远，不趋声气，而恶夫以锢盯为汉，空腐为宋。醇然粹然，莫测其际也。并世两通儒，皆出武进，盛矣哉！余于庄先生不及见，见李先生。"其学出于吾常州庄、李二氏，经经纬史，而润泽之以文章。词笔奥衍，熟于元明以来掌故，纂录《元史新篇》若干卷、《明代食兵二政录》七十八卷、《圣武记》十四卷、《皇朝经世文编》百二十卷。旁搜博采，尤悉心河道水利，海防边防，上下古今而明究其得失，如聚米画沙，如烛照数计。自谓坐而言，可起而行也。于时，英人以贩鸦片，绝通市，构衅于我。而兵舰东来，薄我广州，纵横海上，掠闽浙，入长江，师徒挠败。于是割地通商，而有南京城下之盟。中外大吏，相顾蓄缩。于是源发愤而道曰："夷之水战与火攻，强于倭。倭之绝夷不与通市者，防其贩烟与传教。而夷之畏倭，畏其岸上陆战也。倭国三十六岛，港汊纷歧，其海口更多于中国，其水战火攻尚不如中国，止以陆战之悍，守岸之严，遂足詟夷心，绝市舶，而不敢过问。又止以刑罚之断，号令之严，遂足禁异教，断毒烟，而莫敢轻犯。吾之水战火攻不如夷，犹可言也；守岸禁烟并不如倭，可乎？不可乎？不能以战为款，犹可言也；并不能以守为款，可乎？不可乎？令不行于海外之天骄，犹可言也；令并不行于海内贩烟吃烟之莠民，可乎？不可乎？夫财用不足，国非贫；人才不竞之谓贫。令不行于海外，国非羸；令不行于境内之谓羸。故先王不思财用而惟亟人材；不忧不逞志于四夷而忧不逞志于国境。尝观周汉唐宋金元明之中叶矣，瞻其阙，夫岂无悬令？询其廷，夫岂无充位？人见

074

其令雷行于九服，而不知其令未出阶闼也；人见其材云布乎九列十二牧，而不知其稿伏于灌莽也。无一政能申军法，则佚民玩；无一材堪充军吏，则傲民狂；无一事非耗军实，则四民皆荒。佚民玩，则画棰不能令一羊；傲民狂，则蛰雷不能破一墙；四民皆荒，然且今日揖于堂，明日觞于隍，后日胔于藏。而以节制轻桓文，以富强归管商，以火烈金肃议成汤，奚必更问其胜负于疆场矣。《记》曰：'物耻足以振之，国耻足以兴之。'故昔帝王处蒙业久安之世，当涣汗大号之日，必翯然以军令饬天下之人心，皇然以军食延天下之人才。人才进，则军政修；人心肃，则国威道。明臣有言：'欲平海上之倭患，先平人心之积患。'人心之积患如之何？非水非火，非刃非金，非沿海之奸民，非吃烟贩烟之莠民。故君子读《云汉》《车攻》，先于《常武》《江汉》，而知二雅诗人之所发愤；玩卦爻内外消息，而知大《易》作者之所忧患。愤与忧，天道所以倾否而之泰也，人心所以违寐而之觉也，人才所以革虚而之实也。去伪去饰，去畏难，去养痈，去营窟，则人心之寐患去其一。以实事程实功，以实功程实事，毋谈天，毋画饼，则人心之虚患去其二。天时人事，倚伏相乘；知己知彼，可款可战。"于是搜采欧美各国国情地理以著中国攻守之宜，成《海国图志》一百卷，厥为国人谈瀛海故实者之开山，而其要归于"以守为攻""以守为款""以夷制夷""师夷之长技以制夷"，语重心长。时异势迁，生百年以后之今日，而籀源之所以为言，则有建诸天地而不悖，百世以俟天挺伟人而不惑者。日本之平象山、吉田松阴、西乡隆盛辈，无不得《海国图志》读之而愤焉悱焉，攘臂而起，遂以成明治尊攘维新之大业，则源有以发其机也。于时，海疆震动，东南汲汲，而西北边备弛，新疆协饷不继。于是源大声以呼曰："伊古以来，中国边患，西北恒剧于东南。盖东南以大海为界，形格势禁，西北则广莫无垠也。国家平准噶尔之地，易其名，曰伊犁，曰乌鲁木齐，曰巴里坤，曰哈密。及平西域诸回部，若辟展，若哈拉沙拉，若库车，若沙雅尔，若赛里木，若拜城，若阿克苏，若乌什，若喀什噶尔，若叶尔羌，若和阗，咸入版图。设将军、参赞、都统、提镇及办事、领队诸大臣，遣兵驻防以资镇守。或谓地广而无用，官糜兵饷，岁解赔数十万，耗中事边，有损无益。曾亦思西兵未罢时，历康熙、雍正、乾隆三朝，勤西顾忧。且沿克鲁伦河长驱南牧，蹂躏至大同归化城。甘陕大兵不解甲，费岂但倍蓰哉！且夫一消一息者，天之道；哀多益寡者，政之经。国家醰酖孳生，中国土满人满，独新疆人寥地旷，牛羊麦面蔬果之贱，播植浇灌之易，毡裘贸易之利，金矿之旺；穷民服贾牵牛出关，至则长子孙，百无一反。是天留未辟之鸿荒以为盛世消息尾闾者也，是圣人损益经纶之义，所必因焉乘焉者也。奈何狃近安，忘昔祸，惜涓埃之费，昧溟渤之利，以甘间阎鄙儒眉睫之见！"其后左宗棠用其言以我疆我理，改建行省，谓："新疆不固，则蒙古不安。匪特陕甘山西各边时虞侵轶，即直北关山亦将无晏安之日。近以用兵新疆，益叹魏子当日所见之伟为不可及"云。于时，兵败于海防，财匮于河决江淹。而河无岁不决口，以淹地数千百里，无岁不筹防以耗帑五六百万。于是源按图而陈曰："我生以来，河十数决。但言防河，不言治河，故河成今日之患；但筹河用，不筹国用，故财成今日之匮。夫地势北岸下而南岸高，河流北趋顺而南趋逆。自古北行，而今每上游豫省北决，必贯张秋运河，趋大清河入海。何不顺其就下之性，筑堤东河，导之东北。北不驾太行之脉，南不驾泰山之脉。介两脉之间，所刷皆尘沙浮土，日益深通。于是河由地中行，无高仰，自无冲决。而官可裁防河之员数千百人，岁可省防河之帑五百万金。河不为患，帑不虚糜，而后国家得以全力以饬边防、兴水利也。然历代以来，有河患，无江患。河性悍于江，所经兖豫徐，地多平衍，其横溢溃决无足怪。而江流所经，狭者束于山，宽则潴于湖，宜乎千年永无溃决。乃数十年中，告灾不辍，大湖南北，漂田舍，没城市，无虚岁，而与河同患，何哉？承平二百载，土满人满，湖北、湖南、江南各省，沿江沿海沿湖，向日受水之地，无不筑圩捍水，成阡陌、治庐舍其中，于是平地无遗利。且湖广无业之民，多迁黔粤川陕交界，刀耕火种，虽蚕丛峻岭，老林深谷，无土不垦，于是山地无遗利。平地无遗利，则不受水，水必与人争地，而向日受水之区，十去五六矣。山地无遗利，则凡菁谷之中，浮沙壅泥，败叶陈根，历年壅积者，至是皆铲掘疏浮，随大雨倾泻而下，由山入溪，由溪达汉达江，由江汉达湖，水去沙不去，遂为洲渚。洲渚日高，湖底日浅，近水居民，又从而圩之田之，而向日受水之区，十去其七八矣。江汉上游，旧有九穴十三口以泄水，今则南岸九穴淤，而自江至澧数百里，公安、石首、华容诸县，尽占为湖田。北岸十三口淤，而夏首不复受江。监利、沔阳县，亦长堤亘七百余里，众占为圩田。江汉下流，则自黄梅、广济，下至望江、太湖诸县，向为浔阳九派者，今亦长堤数百里，而泽国尽化桑麻。下游之江面湖面日狭一日，而上游之沙涨日甚一日，夏涨安得不怒，堤垸安得不破，田亩安得不灾？然则计将安出？曰：除其夺水为利之人而已。人与水争地为利，而欲水让地不为害，得乎？湖南地势高于湖北，湖北高于江西、江南，楚境之湖口日蹙日浅，则吴境之江堤日高日险。沿江四省数十百万之荡析，孰与一邑一垸数千百家之饶衍乎？然而湖南、汉口大潦，诸县诸垸之民人之漂溺者，亦岂少乎？损人利己且不可，况损人并损己乎！乾隆间，湖南巡抚陈文恭公劾玩视水利之官，治私筑豪民之罪，诏嘉其不示小惠，此所以为大人也乎！"源以咸丰五年殁于扬州。而前一年，河决铜瓦厢以北流，由大清河入海，而河患消息，河防以纾，卒如所言，盖犹及见之。而夺湖为田之为江害，下民昏垫，迄今百余年，祸未有艾也。然而君子立言，不为一时，氓之蚩蚩，于源何憾焉。后人辑录其文，为《古微堂内集》二卷、《外集》八卷。

三、罗泽南　李续宾　王鑫

汤鹏、魏源，大言经世而行或不掩；罗泽南、李续宾、王鑫，笃实辉光而其德日新。汤鹏、魏源，犹以华士腾口说；罗泽南、李续宾、王鑫，则以醇儒笃躬行。而遭逢世屯，奋身扞乡里，练丁设防，遂创湘勇，而起书生以当大敌，蹈难不顾，师弟僇力，转战大江南北，师殒而弟子继之，智名勇功，后先彪炳，羞武夫之颜，关其口而夺其气，亦其素所蓄积然也。汤鹏、魏源，高文雄笔，沛然出之，声采炳琅，腾诵士大夫。而罗泽南、李续宾、王鑫，文采不艳，辞达而已；然其声教遗言，皆经事综物，公诚之心，形于文墨，尤足以匡世拂俗，而有补于当世。

罗泽南，字仲岳，湘乡人。十岁能文。家酷贫，大父拱诗屡典衣市米，节缩于家，专饷于塾。而泽南溺苦于学，夜无油炷灯，则把卷读月下，倦即露宿达旦。年十九，即课徒自给，而丧其母。次年，大父及兄嫂相继殁。十年之间，迭遭期功之丧十有一。至二十九岁，而长子、次子、三子连殇。是岁为道光十五年乙未，大旱饥，泽南罢试徒步归，夜半叩门，则其妻方以连哭三男丧明。时饥甚，索米为炊，无有也。泽南益自刻厉，不忧门庭多故，而忧所学不能拔俗而入圣；不忧无术以资生，而忧无术以济天下。三十三岁，乃补县学生。逾四十，乃以廪生举孝廉方正。假馆四方，穷年汲汲。与其徒讲论宋儒濂洛关闽之绪，瘏口焦思，畅衍厥旨。其大者，以为天地万物，本吾一体，量不周于六合，泽不被于匹夫，亏辱莫大焉。溯降衷之大原，思主静以研几，于是乎宗张载而著《西铭讲义》一卷，宗周敦颐而著《太极衍义》一卷。幼仪不慎，异说不辨，则趣向不端，于是乎宗朱熹而著《小学韵语》一卷，辟王守仁而著《姚江学辨》二卷。严义利之闲，于是乎有《读孟子札记》二卷。穷阴阳之变，于是乎有《周易本义衍言》若干卷。旁及州域形势，而有《皇舆要览》若干卷。百家述作，靡不研讨，而其本躬行以保四海，则交通旁推而不离其宗。其后太平军洪秀全、杨秀清起广西，乘胜远斗以躏藉湖南，而里中书生多攘臂起，团民壮，捍寇患，死绥踵接而逐之湖外，则泽南之教也。咸丰二年，洪秀全围长沙，县令召泽南练乡勇，巡抚张亮基檄赴长沙。而同乡曾国藩以侍郎在籍，奉诏督治团练，亦在长沙。因与泽南讲求束伍技击之法，晨夕训练，湘勇自此始，而太平军之势日以沮。泽南以所部与太平军角逐，历湖南、江西、湖北三省,积功累擢官授浙江宁绍台道,加按察使衔、布政使衔。所部将弁,皆其乡党信从者,故所向有功。前后克城二十,大小二百余战,其临阵审固乃发,以坚忍胜。或问制敌之道,曰:"无他,熟读《大学》'知止而后有定,定而后能静,静而后能安,安而后能虑,虑而后能得'数语,尽之矣。《左氏》'再衰三竭'之言,其注脚也。"亦本周敦颐主静察机之说。其治军以不扰民为本。而视东南安危,民生冤苦,如饥溺之在己,与其所注《西铭》之指相符。军行所至,士民欢跃,或输敌情,或诉所欲,馈肉饷饭,如家人父子。得道多助,屡破大敌,而善以寡击众。乡人化之,荷戈从军,蔚成风气。时为之语曰:"无湘乡,不成军。"藉藉人口。而不知无泽南,无湘军。惟泽南以宋儒之理学治兵,以兵卫民,皎然不欺其志。此湘军所以为天下雄,而国之人归颂焉。傥好驰马试剑,漫事从军以攫富贵,豪闾里,而不体泽南之以宋儒理学治兵,以兵卫民之指,意气自雄,是则泽南之志荒,而湘之所以为勇者亦耗矣。自来言宋儒之理学者,往往小廉曲谨,可以持当躬,而不足以任大事。顾泽南义勇愤发,本之问学。朝出鏖兵,暮归讲道。中间屡遭惨败,而志不挠,气益壮,讨部众而申儆之,或解说《周易》以自遣云。泽南以咸丰五年帅所部随湖北巡抚胡林翼攻武昌,一日,大破太平军,追薄于城,城上炮如雨,一弹中额,裹创战。归而剧,日夜危坐不寐。越三日,病甚不能起,语喃喃皆时事,忽开目索纸笔书曰:"乱极时站得定,才是有用之学。"仰卧,汗出如沈,握林翼手曰:"死何足惜,恨贼未平。愿以兵属迪庵。"迪庵,其弟子同县李续宾字也。语毕而瞑,予谥忠节。著籍弟子

数十人，同县王鑫及李氏续宾、续宜兄弟尤显名。而续宾久相
随，引为贰，遂代将。

李续宾，字克惠，迪庵其号也。身长有膂力，习骑射，挽
三石弓。泽南讲学里中，折节受学。及泽南练湘勇，遂引为佐。
而泽南分所部为二营，以右营属焉。特敢战，所称湘右营者也。
寻擢左。自从军，侍泽南循循弟子列，退然若无所知能，而临阵
骁锐，善出奇制胜。每太息谓："天下本无难事，心以为难，斯
乃真难。苟不存一难之见于心，则运用之术自出。今之时，岂无
济变之才？而其心不挚。即有济变之心，而其计不决，所以难
耳。军事之成败，其所争则在利钝，成与败显然易解。所谓利钝
者，大约先一著为利，后一著为钝。徒以心不挚，计不决，而军
兴以来，逆贼每先走一著，官军每走后一著，一日纵敌，祸成滔
天。"其用兵专以救败为务，疾击争先。其在军中，泽南挈持大
纲，而战守机宜，胥续宾主之。湘军之兴，诸将多以勇烈自诩，
慷慨陈辞；续宾则含弘渊默，稠人广坐，终日不发一言。恒曰：
"事由心定，毋张皇。"遇敌则以人当其脆，而己当其坚；粮仗
则予人以利，而己取其窳；分军则留强者以予人，而留弱者以自
隶。士卒归心，乐为之用。既代将，转战湖北、江西，克九江，
累官擢浙江布政使，加巡抚衔。于时太平军英王陈玉成据安徽，
放兵四出，号敢战。胡林翼谓："非攻安徽，不足以守湖北。"
乃请续宾以兵八千人进规安徽。时为咸丰八年八月。逾月，连下
潜山、太湖、桐城、舒城四县，留兵守之，而兵分益少。于是所
部仅五千人，进攻三河集，毁太平军九垒，而锐尽于攻坚。陈玉

成与侍王李世贤以十万众至，连营亘数十里，遮粮道绝。续宾突围不得脱，跃马陷阵，死之，而余卒犹力战，一军尽殁，殆六千人无苟活者。其弟续宜，出收集散亡，哀迫之际，入则损食悲咽，出则拊循溃卒，思乡者遣归，愿留者编伍。哺粟赐衣，接以温语，差讨偏裨之罪，而简用其良，相与申儆简练，而湘军复振。续宾战必身先，而续宜则规画大计而不甚较一战之利。至其临阵，百审一发，则与续宾无不同。续宾刚毅木讷，选士以知耻奋勇朴诚敢战为上。每临阵，安闲镇静，不苟接刃。驭军极宽，终年不见愠色，而号令严明，如有犯者，挥涕手刃，曾不以情恕也。湘军营制，创于泽南。编队立哨，略仿戚继光束伍法。行之既久，诸将多以意更张，惟续宾独守师法，曰："立法者但求大段安善，行法者当于小处弥缝。"尤能以少击众，霆奋鸷捷，务制敌先，而亦以是败。然与太平军战之日久，洞悉情伪，而得制胜之算。与王鑫书曰："贼军飘忽变动，无不活着；我军为贼牵制，总是滞着。若不变计，平贼无日。某以为围城堵隘之兵，固可静不可动。但贼善于乘虚，长于攻瑕，多方误我以入彼之彀中。我亦明知而不能不入者，则以我军别无一枝足以流动活泼，电掣风行以预先扼击而制彼之计也。然则非别立常动之兵不为功。而兵常动，专击窜贼援贼，乍至便迎头速剿，既败则拦尾猛追，务使虚无可乘，瑕无可攻。夫静驻之兵，既得以制贼死守之命；而常动之军，又可制贼飞扬之患，庶定澄清之局矣。但常动之军，因贼乃动，动之以机者也。有时无事而闲暇，则较静驻之而更静。相机而动，维吾之所欲为，然后致人而不致于人。"其后王鑫出兵江西，殄强敌，克名城，常以动制胜，则用续宾之说也。续宾军行所至，百姓欢迎，不扰耕市，不造守令，不索供张。与人接，呐呐不言，而意溢于色，色余于辞。虽他军之将士，逃难之流民，皆归之若父兄。闻其死，哭之皆恸云。予谥忠武。传有《李忠武公道书》四卷。

王鑫，字璞山。生三岁，母贺授以经，辄能背诵。十岁读书家塾，弱不好弄。日方哺，诸童为儿嬉戏，而鑫不与。手《通鉴纲目》一册，默然凝视，心所领会，动形于色。常大言："人生一息尚存，即当以天下万世为念。"而书数语于壁曰："置身万物之表，俯视一切，则理自明，气自壮，量自宏。凡生死祸福，皆所不计也。"时年十四。及二十岁，授经里中，不沾沾于章句，为书塾学约八则示学者，大指以求放心、化气质为归；而益自淬厉于学，欲以身先之也。二十四岁，补县学生。会罗泽南家居讲学，往受业。日夜讲习明善复性、修己治人之道。鑫体貌清癯，目光炯炯射人，声大而远，好为议论。同门侍坐，辞气溢涌，他人莫能置喙。泽南徐晒曰："璞山盍少休，让吾侪一开口乎。"鑫亦自笑也。明年夏，大旱饥，土寇啸聚百人于县南掠食，居民惶骇无所措。鑫自学舍归，驰集里中人，略以兵法部署，而出境捍逐，应时解散。然后白县官发仓谷平粜，劝富绅出余谷赈济。饥而不害，时道光二十九年也。于是邑人推重，籍籍有任侠名。会太平军起广西，湖南亦震，而盗贼四起，乃倡团练保伍之法。邑人狃承平久，闻鑫议，莫不掩耳。而鑫不计成败利钝，不顾祸福生死，上说下教，将之以诚。以谓："团者，团拢一气，尔我相救，生死相顾，此之谓'团'。练则练器械，练武

艺，练阵法，尤要练胆，而练胆必练心。胆有大有小，心则人同
此心。人人欲保全身家性命，非杀贼不能自保，而非练器械、练
武艺、练阵法，不能杀贼，所以要'练'。然一人之力，能有几
何？而盗贼则先啸聚多人，非大众随心，同心共死，互相保，不
能自保，所以要团。非编民甲、清宵小，内奸不清，则外寇乘，
所以非保伍，则团练亦无用。"湘乡之办团练，实鑫倡之。疑难
百端，曾不自馁，积诚相孚，久而信赖。居恒太息，以谓："每
当盘根错节，掣肘违心之会，益叹民情之易与，而信王道之可
行。抚躬内疚，窃恨世不我负，我自负世。然则无可逭，何敢以
自弃者弃人。凡分所当为者，勉而行之，以求尽夫力之所能至
焉。"然颇以此自信矣。咸丰二年，太平军入湖南，破道州。鑫
上书知县朱孙诒，请练民兵。于是以意创为营制号令，日夜与罗
泽南束伍选士，亲教之步伐技击，摄衣登台，陈说大义，声容慷
慨，而湘勇自此始。既而巡抚张亮基檄举将才，朱孙诒举鑫以
应。乃率三百人赴召。罗泽南亦奉檄率所部赴长沙，遂合军。而
泽南将中营，鑫将左营。出剿衡山、安仁、桂东各县土寇，咸有
功，叙绩以知县用。会国藩方练兵衡州，知其才勇，亦倚重之。
谓："王璞山忠勇男子，盖刘琨、祖逖之徒也。"鑫则自恨任事
太早，用心太苦，出身太轻，上书乞归以力于学。国藩复书劝
慰，欲增募其军为三千人。而鑫欲增兵万人，议论不相中。国藩
疑鑫不为用，又以言大而夸，持之不固，发之不慎，气骄已盈，
必以债军也，下令汰为七百人。时左宗棠以举人参巡抚骆秉章幕
府，谓其兵可用，乃仍所募三千四百人，留不汰。鑫则即募即
练，以铁瓦缚士卒足，习超距；以重械勒士卒运，练臂力。习步

伐，演阵式，无日不申儆所部，三令五申，而讲明分合之法，蕲于阵势变化，行伍不乱，乃可以少胜多，以静制动。于是重改定勇制，撰营制、职司、号令、赏罚、练法五篇，曰《练勇刍言》。而尤注意于练胆、练心。又以意为阵法，撰《阵法新编》。其书变通古人成法，务于以定持变，以整暇胜剽悍，诏偏裨演之。及左宗棠出总师干，为元帅，而鑫已殁，凡鑫偏裨，悉罗致，而以鑫从弟开化领营务处，行军布阵，一依鑫规。平浙平闽，追奔逐北，遂歼太平军以平粤。而西出潼关，平陕甘，则以提督刘松山为大将，盖以勇丁从募而隶者焉。善用城墙、梅花、大鹏诸阵以角悍回，虽突骑万千，坚不能入。迨其布阵方圆，平锐迭用，得古人静如山、动如水之意，盖鑫之遗教也。然鑫则以谓："将兵者练固不可废，而训尤不可缓。孔子言：'善人教民七年，可以即戎。'子路，勇者也；其治兵也，有勇必使之知方。五霸尤圣门之所羞称，然晋文用其民，必先教之；而子犯谆谆然以民为未知义、知礼、知信为惧。三代以后，节制之师尚多，仁义之师绝少。降至今日，则并节制之师亦无之矣。呜呼，练且不讲，训于何有？"在军中，尝教士卒习字读书，日课《四书》《孝经》，以义理反复训谕，而引论经史大义，譬晓恳切，听者至潜然泪下。迨夜，营门扃闭，刁斗之声与讽诵声相间也。将出战，必手地图，召偏裨，环而坐，为言敌军出入何路，我师奇正孰出，揣情审势，人人献议，而相诘难，各尽其意，然后定谋。谋之既定，然后部分诸人，各专其任。有不如议，则罚无贷。纪律之严，诸将莫及也。然曾国藩则知鑫之不为用，而亦知己之不能用也，于是遗书骆秉章曰："璞山之勇，若归我督带，则须受节制，此一定之理。既不受节制，自难挈之同行。今日大局糜烂，侍岂复挟长恃势，苛人少节以自尊？又岂复妒才忌功，不挟健者以自卫？惟一将不受节制，则他将相效，离心离德，何以策功？若听璞山自成一军，公宜先行奏明，此亦一定之理，世虽大乱，而纲纪不可紊也。"然而左宗棠则笑之曰："涤生每叹人才难得，吾窃哂之。涤问其故，吾曰：'君水陆万余人矣，而谓无人，然则此万余人皆无可用乎？集十人于此，则必有一稍长者，吾令其为九人之魁，则九人者必无异词矣。推之千万人，莫不皆然也。'吾之所用，皆涤公用之而不尽，或摈不复召者，王璞山其一也。及吾用之而效，而涤又往往见其长而欲用之矣。然则涤之弃才，不已多乎！非知人，不能善其任；非善任，不能谓之知人。非开诚心，布公道，不能得人之心；非奖其长，护其短，不能尽人之力。非用人之朝气、不用人之暮气，不能尽人之才；非令其优劣得所，不能尽才之用。亦于是讲求之而已。"国藩亦无以答。及国藩亲督水陆万人自衡州东征，而秉章檄鑫前驱，连克湘阴、岳州，疾进至羊楼司，而太平军大至。一接而败，退守岳州。而国藩部将邹寿璋驻焉，曰："城空无食，不可守也。"鑫不听，而寿璋以所部退。鑫婴空城自守，而为太平军所围焉，一日不得食。国藩遣船至西门，各勇纷纷出，鑫问故，曰："曾帅以船来迎矣，不出何为？"鑫羞而怒，拔刀自刿，众拥登舟。而营官钟近衡、近濂兄弟及刘恪臣十数人先后战死焉，皆楚之良而泽南弟子也。军声大挫，国藩骂曰："狂夫，几何不败事！"而以大军继进，败于靖港，亦愤投水，厪乃获救也。鑫上书秉章自劾，而请收散亡，图后效。宗棠始终护持之，褫其官而不夺其兵。鑫则痛念前此致败之由，而深求古人所以致胜于万全之道，参以当日之所宜，若恍然有所得。日集各勇而训练之，务求使之人自为战。贻友书曰："不敢躁，亦何敢怠。张睢阳诗曰：'不辨风尘色，安知天地心！'鑫惟随时随事，尽分所能为，力所能至而已，他何知焉。"自是国藩以罗泽南、李续宾师弟军，转战江西、湖北，所向克捷，湘军威震天下。而鑫独将，听宗棠指挥以防湖南。其时东南各省，为太平军所掩有，独湖南号为完善，奉清廷号令，援师四出以挂太平军。太平军既奠都江宁，其徒在两粤者，日夜图北出与会。而湖南缘边列县，人心动摇，太平军至，则蜂起应。鑫所部不过千人，而又苦乏饷，常数日不得食，拊循教练，相孚以义，相励于勇。崎岖湘粤边境万山之中，所遇皆强对，其众数倍，朝东而暮西，此灭则彼起，孤危百战，经三四年，卒以扫荡太平军余党，不得阑入湖南境一步，俾北出湘军得以尽力征战，无反顾之虞，则鑫之力也。积战功累官加按察使衔以湖北道员记名简放。其时曾国藩困江西，分军四出，屡为太平军翼王石达开所败，而与先后巡抚文俊、耆龄咸不相能。御史萧浚兰条陈江西军务，国藩奉旨责问。而鑫贻湖北巡抚胡林翼书曰："涤公心事如青天白日，而刚正之性，不可屈挠。其行之通塞，系世之否泰。彼己之子，固亦无如之何耳。"既则遗书江西以致国藩曰："世固有迹似终睽，而实神交于千里之外者，此不特难以见谅于流俗也。即一二有识之士，亦多泥其迹，莫察其心，夫岂咎人之不相知哉！生平读书论古，窃见夫贤豪者流，或于其志同道合之人仍有龃龉，自负昂藏傲岸之概，不肯降心。君子谓其所执者隘，而所亏者多也。乃匆匆焉而躬自蹈

之，不亦伤哉！鑫之受知于阁下也，甚于壬子之冬，而极于癸丑
之秋。自远于阁下也，肇于加募之初，而成于败衄之后。其中离
合远近之故，未始非彼苍之默为颠倒位置。而疏狂之罪，在而无
可辞矣。数年来，彷徨奔走于岭表洞庭之间，欲求如衡州抵掌之
一日而不可得。呜呼，茫茫天壤，同志几人？亲面构交，知心谁
是？此鑫所以情不自禁，而欲一献言于阁下之前者也。"国藩意
亦释然。寻国藩丁父忧，回籍固请终制，而江西郡县陷于太平军
者四十余城。湘军李续宾攻九江，刘腾鸿、李续宜围瑞州，刘长
佑、萧启江规临江，黄冕、赵焕联攻吉安，皆顿兵坚城，久不
下。战数败绩，而良将死，军气大熸。于是左宗棠为骆秉章草奏
言："石达开在诸贼中，能以狡黠收民心，以凶威钤其众。每战
则选死士，厚供给，隶为亲兵，多至数千。其临阵也，以他部前
驱，而以死士监其后，层层设伏待之。前战败，而挥之赴援，往
往转败为胜。胜则尽锐冲压，官军每为所乘。其止也，乍东乍
西，倏隐倏现，冀乱吾之谋；其行也，忽驰忽骤，或合或分，冀
伺吾之隙。此贼凶狡，非王鑫一军不足制之。"于是鑫选锐三千
人，谓："持之以小心，出之以多算。严申号令，明示赏罚，屡
胜而气不敢骄，无贼而备不敢弛。禁骚扰以收民心，作忠义以邀
天眷，让功能以和诸将。以此众战，其有济乎！"乃以咸丰七
年三月出兵江西，不攻坚而游击，声东击西，纵横驰突；而伺
其瑕，并兵一向。太平军猝莫知措，为之语曰："出队莫逢王老
虎！"旬月之间，大捷十二。而鑫亦惫奔命，感热疾，卒于军，
年才三十三，予谥壮武。其军则偏裨分领之，世称"老湘营"。
及曾国藩再起督师，转战江西安徽，则资老湘营以自强。其大将

张运兰、运桂兄弟尤其选而鑫之偏裨也。鑫之治军，好整以暇，无日不课弁卒读书，而己亦无日不读书。尤喜《周易》，玩辞观象，窃叹人事之变迁，不外阴阳之消长，泰否之乘，剥复之运，其理甚著，而其几甚微。伊古来治乱兴亡之迹，不出乎此。而自恨胸中绝少宁静之致，太息曰："由平日养心养气未能用功耳。稍暇则温《周易》而心不与理洽；掩卷时，又忧书自书，我自我。然犹稍胜于悠忽过去也。试观古今来能胜大任者，虽身极劳，心极忙，此心必常有休暇之致。故万汇杂投，应之绰有余裕。盖暇则静，静则明自生；休则通，通则灵机常活。明与灵，吾心所恃以酬万事者也。大抵治兵与治心，事虽异而理则同。少纵即逝，常操乃存。危微之机，所关甚巨。将之以敬，贞之以诚，一有未至，则罅瑕立见，而流弊遂不可胜言，自非常惺惺不可也。天下事，坏于玩愒者固多，坏于张皇者实亦不少。镇静二字，实任重致远、酬酢万变之本。几须沈，乃能观变；神必凝，方可应事。若纷纷扰扰，不惟自损，且负国负民矣。"及其大捷于江西也，致左宗棠书曰："吾卒惫矣。幸气愈王而神愈敛，或尚可用。"宗棠复曰："璞山以治心之学治兵，克己之学克敌。知兵事以气为主，而多方养之，俾发而不泄，故其劳烈遂至于此。来书'气愈王而神愈敛'一语，直揭古今用兵要诀，非深于此道，不能说，不能知。果能此道矣，则静专动直，虽千万人何慑焉。尝论用兵须全体《周易》，知进退存亡而不失其正，才为万全。能此者有几人哉！"时李续宾方领兵九江，而鑫贻书规之曰："大丈夫出身为国计，名固不求，罪亦勿避。切勿效小英雄手段，知进而不知退，知经而不知权，胶拘于一成之见，听操纵于庸人之手也。"传有《王壮武公遗集》二十四卷。

四、胡林翼　曾国藩　左宗棠

罗泽南、李续宾、王鑫，三人者，披坚执锐以当太平军，身经百战，未享成功。而胡林翼、曾国藩、左宗棠三公，则知人善任使，指挥若定，幕府画啸，而坐享其成；身兼将相，爵至通侯。显晦不同，劳逸亦殊。然其困心横虑，裕以问学，以忧患动心忍性，而不以忧患丧气堕志，一也。如以勋名之崇庳，而定人品之高下，抑浅之乎为丈夫已。

胡林翼，字贶生，号润芝，益阳人，道光十六年丙申进士。咸丰朝，以战太平军，积功累擢官湖北巡抚，卒于官，谥文忠。其行事世多知，不具著，而著其动心忍性，见于经世宰物之大者，以为后世法。道光之季，林翼以知府分发贵州，历署安顺、镇远等府。捕盗锄奸，其平日训练壮勇，仿戚继光《纪效新书》《练兵实纪》而变通之。勇不满三百，而锐健果敢，一可当十。搜剿匪徒于深林密菁，上下驰骤，与同甘苦。而著《保甲团练条约》及《团练必要》诸篇，颁之属县，督以必行，以固民志、清盗源。行之有效，夜不闭户。顾每以谓："团练之效，外助官军，内消宵小，此为治乡之要；而亦与吏治之用人、兵政之选将相似。假如守令不得人，则州县必坏；将领不得人，则兵勇必溃。团练亦然。以正士良民为一团之长，则一团之民皆可御侮。以劣生莠民为一团之长，则一团之民可使抗粮犯法、可使攘夺为乱。假乡民以兵刃，而官吏不能躬亲董劝，旌别淑慝，则目前之成效难期，而日后之流弊滋甚。"咸丰元年，补黎平府。洪秀全、杨秀清起广西，永宁、怀远、融县环黎平西南界，皆蜂起以应。林翼则举保甲，办团练，修建碉堡，连屯相望，以谓："言战不如言守，用兵不如用民。用民力以自卫，不如先用地利以卫民。"自后黎平迭为太平军及叛苗环扑，而屹不可拔，则林翼之以也。累擢四川按察使，留湖南办理防剿。以咸丰五年署理湖北巡抚。洪秀全已都金陵，倾锐而犯，武昌、汉阳、黄州、德安，皆为所据。林翼坐困金口，无官无幕，一身悬寄，独念自古平东南必争上游，武汉，则金陵之上游也，荆襄绾南北之孔道，而武汉又荆襄之咽喉，非力图之，无以救败。其时水陆军万人，多新募未经战阵，太平军所向披靡。林翼从容谈笑，处以坚定，军屡挫而气弥厉，鼓舞诸将，以忠义相感发。尝谓："兵事以人才为根本，人才以志气为根本。兵可挫而气不可挫，气可挫而志不可挫。"因以抚循温恤，整饬其军而简练之，遂克武汉而奠定焉。乃上疏言："武汉形势壮阔，自古用武之地。荆襄为南北之关键，而武汉为荆襄之咽喉。昔周室征淮，西出江汉；晋代平吴，久谋荆襄。王濬造船，循江而下。陶侃之勋，镇守武昌。宋臣岳飞、李纲之谋画岳鄂，均以此作高屋建瓴之势。控制长江，惟鄂为要。夫善斗者必扼其吭，善兵者必审其势。今于武汉设立重镇，则水陆东征之师，恃武汉为根本，大营有据险之势，军士无反顾之虞。军火米粮，委输不绝，伤痍疾病，休养得所。应请于武汉设陆师八千人，水师二千人。此万人者，日夜训练，则平时有藜藿不采之威，临事有折冲千里之势。且东征之师，孤军下剿，善战者必伤，久役者必疲。伤病之人留于军中，不仅误战，亦且误饷。若以武汉之防兵更番递代,弥缝其阙,则士气常新,军行必利。至水师以炮为利器,炮声震迭,无半年不修之船,亦无一年不大修之船。更番迭战,以武汉为归宿,则我兵常处其安,而不处其危矣。"于时官私扫地赤立,吏好货,民骜乱。而林翼以乱之生由法度废弛,吏敝民偷,因循苟且以有今日。不务讨贼,则乱之流不塞;不务察吏,则乱之源不清。劾参镇道府厅以下数十员,与属吏更始,禁应酬,严奔竞,崇朴实,黜浮华。于是在官者推廉让能,稍知吏治矣。综核之才,冠绝一时。每于理财之中,暗寓教民察吏之法,谓:"天下非鄙吝之人不能聚财;非抑勒不能散鄙吝之财。明崇祯之劝慰而不助军饷,李自成之脑箍而一献百万,叔季人心,大率类是。夫不得已而养兵以杀贼,即日费万金,亦出于救民。取税赡军,使人民同仇,即以教忠。多入少出,使局员洁己,即以兴廉。"养兵六万,月费四十万,而民无怨谤,兵无乏饷,自是湖北军强天下。顾不为自固之谋,南征九江,北取安庆,发踪指示,皆出林翼。以为江楚唇齿相倚,而九江扼长江之冲,实江楚门户,九江一日不复,江楚一日不得安枕。九江既复,而太平军所扼长江险要,独有安庆。而有清一代,督抚之用兵出辖境,自林翼始。其治军务明纪律,而选将尚志气,用兵贵审固,以谓:"将以气为主,以志为帅。专尚驯谨之人,则久而必惰;专求悍骜之士,则久而必骄。兵事毕竟归于豪杰一流。气不盛者,遇事而气先慑,而目先逃,而心先摇。平时奉令慎谨,而真意不存,则成败利钝之间,顾忌太多,而趋避愈熟,必致败乃公事。然军事何常之有:以为兵力厚,而胜负之数又不系乎厚薄;以为将才勇,而胜负之事又不尽系乎勇怯。将在谋而不在勇，于战胜攻取之道具有心得，以静制动，以预应猝，以我料敌，以经行权，读兵书而通其变，而知进知退，能正能奇，虽古名将，不是过矣。凡事当有远谋，有深识。坚忍于一时，则保全必多；一惭之不忍，而终身惭乎！为小将须立功以争胜，为大将戒一胜之功而误大局。盖侥幸而图一胜之功，不如坚忍以规远大之谋。兵事不在性急于一时，惟在审察乎全局。全局得势，譬之破竹，数节之后，迎刃而解。贵乎审机以待战，尤贵蓄锐以待时。知敌之不可以力争，莫若审势而避其坚；知事之不可以勇斗，莫若择利而蹈其瑕。临阵分枝，不嫌其散；先期合力，必求其厚。择贼所不防之处，并力一战，如破竹然：于根本节要批之，则势钝；于竹尖竹尾批之，则势利。贼从东来，西面必轻；西面破，东面自懈矣。兵法攻瑕，不可不思。夫战，勇气也，当以节宣、蓄养、提振为先；又阴事也，当以固塞、坚忍、蛰伏为本。譬之南塘矛法，须先让对手打一下，然后应之。此理至微妙。坚持以待其弊，伺其瑕而蹈之，一发即破矣。不战则已，战则须挟全力；不动则已，动则须操胜算。非算定，非多算一二著，不能成功。以多蓄兵力，预留活著为第一义。凡兵事有先一著伐贼谋而胜者，有后一著待贼动而后胜者，此时须待贼动而后应之，躁者必败，静者必胜。动者必躁，静者有所恃，有所谋，不可测也。"抚驭诸将，量能授事，体其隐衷而匡其不逮。或家在数千里外，辄馈资用，问遗其父母，珍裘良药，使岁月至；而败军政，罚亦不贷也。生平以天下为己任，而体羸善病，咳血久，欲寐则咳，叹曰："吾欲耽半夜之美睡不可得，而百年之美睡又不即至，吾已矣夫。"既而曰："吾疾苦，不祈死，亦不怨生。惟义之趋，此心坦然，而精气迥异前数年矣。"及咸丰十年，曾国藩为两江总督，用林翼之谋以围安庆，久不克。而林翼亦出兵英山，进驻太湖为声援，调兵筹饷，日不暇给，而委己于学，夜则延老儒姚桂轩会讲《论语》，未尝稍间。一日，病甚，不食，左右请曰："公休矣。"笑曰："吾口不能食耳，吾舌尚存，吾耳有闻，何必不讲书，不听书？"自言："读书有得，临政治军，与文武将史叙论，无不尽其情伪，而心目涣然，指画秩然。"终日危坐，讲求兵事史事之要，汲汲施行。顾左右叹曰："闻道苦晚。今虽稍有所见，而不及行者多矣。"与曾国藩、左宗棠共济艰难，推诚相接。而两人者，名位高下迥殊，一与为亡町畦。每曰："涤帅德高而谨慎之过，季高才高而偏激之过，咸性情之所独至，不能易也。涤公之德，吾楚一人；而季高谋人忠，用情挚，特伤于偏激；如朝有忠臣，室有节妇，平时尝小拂意，临患难乃知其可恃也。"而国藩之称林翼，则曰："润公聪明，本可霸术。而讲求平实，从日常行事以见至理，开口皆正大之语，举笔则正大之文，不意朋辈中进德之猛，有如此者。其于朋友，纯用奖借，而箴规即寓乎其中。有权术而不屑用，有才智而不自用，有如此襟怀气局，岂与仓猝成功名、权宜就事会者比哉！"李续宜隶林翼久，告国藩曰："胡公待人多血性，然亦不能无权术。"国藩应曰："胡公非无权术，而待吾子昆季，则纯出至诚。"续宜笑曰："然，虽非至诚，吾犹将为尽力也。"传有《胡文忠公全集》四卷。

曾国藩，字伯涵，号涤生，湘乡人，道光十八年戊戌进士。

咸丰朝，累官两江总督。以平太平军功，封一等毅勇侯，晋大学士，卒于官，谥文正。湘勇之战胜攻取，国藩资之以有成功，而威震天下。然而事之初起，国藩独焦心苦思，虑湘之不成其为勇，以谓："湘勇不佳处有二：一则归心极切，无长征久战之志；一则体脆多疾病，不耐劳苦。将帅亦皆煦煦爱人，少英断肃杀之气。大抵衡湘之士，狃于风气，不惯面食。冬则皮帽皮衣，炭盘手炉，刻不能离。罗李名将，亦不免冬烘。"尝贻书刘蓉、左宗棠诸人太息论之，则湘之所以为勇者亦仅矣。而一时之风气转弱为强，因恃有一二贤豪长者为之倡。而忧勤惕厉，抑亦国藩矢此寸衷，有以鼓舞而大振奋之也。国藩幼而端默，未尝啼泣，花开鸟语，注目流眄，状若有悟。稍长，研穷经史，因文见道，而尤好韩愈文，慨然欲蹑而从也。既以二十八岁登进士，遂官京师，从太常寺卿善化唐鉴游，讲求为学之方。时方读史阐经世之学，兼治诗古文词。鉴则专以义理之学相勖。遂以朱熹之书为日课，而肆力于宋学矣。与蒙古倭仁，六安吴廷栋，昆明何桂珍、窦埰，仁和邵懿辰之徒，往复讨论，为日记，有过必记，力自绳检。每太息谓："今之学者，言考据，则持为骋辩之柄；讲经济，则据为猎名之津。言之者不怍，信之者聩耳，转相欺谩，不以为耻。至于仕途，奸弊所在，蹈之而不怪，知之而不言。泄泄成风，阿同骇异。谓今日而言治术，则莫若综核名实，今日而言学术，则莫若取笃实践履之士。物穷则变，最浮华者莫如言。积玩之后，振之以猛，意在斯乎！"咸丰初，以直言极谏有声。累官侍郎，丁母忧回籍。而太平军长驱入湖南，奉诏督办本省团练。国藩语湖南巡抚张亮基曰："团练仅卫乡里，法由本团酿金养之，不饷于官，缓急不可恃。请改募成军，乃可资以讨贼。"
湘勇之说自此始。而事权不属，文酣武嬉，召闹取怒。独以公忠
诚朴为天下倡，与左宗棠书曰："今日百废莫举，千疮并溃，无
可收拾。独赖此耿耿精忠之寸衷，与斯民相对于骨岳血渊之中，
以求塞绝横流之人欲，以挽回厌乱之天心，庶其万有一补。"而
以提督鲍起豹龃龉，嗾标兵与湘勇哄，移驻衡州以避之，增募勇
丁足六千人。以谓："所募之勇，全在立营时之严训练。训有
二：训打仗之法，训作人之道。训打仗，则专尚严明，须令临阵
之际，兵勇畏主将之法令甚于畏贼之炮子。切不可使其因扰民坏
品行，因嫖赌鸦片而坏身体。个个学好，人人成材，有殷殷望其
成立之意，庶感发而日趋于善。练有二：练队伍，练技艺。练技
艺，则欲一人敌数人；练队伍，则欲数百人如一人也。"每逢月
之三八日操演，集诸勇而申儆之，反复谆谆至千百语。每日召诸
裨将轮对，至一时数刻之久。自言："不敢说法点顽石之头，亦
欲苦口滴杜鹃之血。练者其名，训者其实。"哓口瘏音，耳提面
命。然成师以出，大败靖港，而初困于江西，再围于祁门，诸将
奔命，危然后安。其过人识力，在不摇定见。当死生存亡之交，
持孤注以争命；值危疑震撼之际，尤百挫而不挠。盖其所志所
学，不以死生常变易也。其在军也，终日凝然，奏牍书札，无不
躬亲。危城之中，益诵书史。尝谓："军事变幻无常，每当危疑
震撼之际，愈当澄心定虑，不可发之太骤。"盖其生平所得力者
在此，所以能从容补救，转危为安也。持己平实，不为矫激，而
欲萃诸子百家之长于当躬。曰："游心如老庄之虚静，治身如禹
墨之勤生，齐民如管商之严整，而持之以不自是之心。虚心实

做，庶几乎道矣。"综其一生，定为戒律，守之甚严，而持之有恒者，一曰不诳语，二曰不晏起。任事之初，横逆四面至，无所措手，以为天下事必无幸。与友人谈："当今之世，富贵无可图，功名亦难就，惟有自正其心以维世道。所谓正心者，曰厚实。厚者恕也。己欲立而立人，己欲达而达人。己所不欲，勿施于人。存心之厚，可以少正天下浇薄之风。实者，不说大话，不骛虚名，不行架空之事，不谈过高之理，如此可以少正天下浮伪之习。"以此自励，亦以此戒所属。然挫败既多，德慧亦生。常诫诸将曰："宁可数月不开一仗，不可开仗而毫无安排算计。凡用兵之道，本强而故示敌以弱者多胜，本弱而故示敌以强者多败。敌加于我，审量而后应之者多胜。漫无审量，轻以兵加于敌者多败。兵者不得已而用之，常存一不敢为先之心，须人打第二下，我打第一下。'夫战，勇气也，一鼓作气，再而衰，三而竭。'余于数语，常常体验。大约用兵无他谬巧，常存有余不尽之气而已。孙仲谋之攻合肥，受创于张辽；诸葛武侯之攻陈仓，受创于郝昭；皆初气过锐，渐就衰竭之故。惟荀罃之拔偪阳，气已竭而忽振；陆抗之拔西陵，预料城之不能下，而蓄养锐气，先备外援以待内之自敝。此善于用气者也。愿学陆抗，气方锐而厚蓄之；不愿学荀罃，气已竭而复振之。愿算毕而后战，不宜且战而徐算。与悍贼交手，总以能看出他的破绽为第一义。若在贼者全无破绽，而我昧焉以往；则在我者必有破绽，被贼看出矣。毋乘以躁气，毋摇以众论，自能觑出可破之隙。若急于求效，杂以浮情客气，则或泰山当前而不克见。昔作有《得胜歌》云：'起手要阴后要阳，出队要弱收队强。初交手时如老鼠，愈打愈狠如老虎。'虽粗浅之言，而精意不外乎是。大抵平日非至稳之兵，必不可轻用险着；平日非至正之道，必不可轻用奇谋。稳也，正也，人事之力行于平日者也；险也，奇也，天机之凑泊于临时者也。军事如枪法，门户宜紧；如拳法，有伸有缩。若入之太深，则有伸无缩矣。"然自将则败，命将则胜。其用兵也，不善制胜，而善救败。折而不挠，神闲气定；常以因祸而为福，转败而为功，以是诸将久而服之。居官治军，粹然儒者，戎马仓皇，不废文事。以谓："古之知道，未有不明于文。吾儒所赖以学圣贤者，独藉于文以读古圣之书，而究其用心之所在。然则此句与句续，字与字续者，古圣之精神语笑，胥寓于此，差若毫厘，谬以千里。词气之缓急，韵味之厚薄，属文者一不慎，则规模立变；读书者一不慎，则卤莽无知。故欲明先圣之道，不得不精研文字。"及其自为文章，盖诵说桐城姚鼐之义法，至列之《圣哲画像记》曰："国藩初解文章，由姚先生启之也。"然寻其声貌，略不相袭。大抵以定气为主，以影响为辅，力矫桐城懦缓之失。探源扬马，专宗韩愈。奇偶错综，而偶多于奇。复字单谊，杂厕相间，厚集其气，使声采炳焕而戛焉有声。异军突起，而自成湘乡派。门弟子著籍者，武昌张裕钊、桐城吴汝纶最为绝出，先后主直隶保定之莲池书院。新城王树枬、武进贺涛，得其法脉，声光迸出以称宗于河北，传授徒友。于是河北之治古文者，皆衍湘乡之一脉焉。桐城之文，由归有光以学欧阳修，由欧阳修以追《史记》，薪于情韵不匮，意有余妍。湘乡之文，由韩愈以摹扬马，由扬马以参《汉书》，薪于英华秀发，语有道响。桐城优游缓节，如不用力，而湘乡则雄奇跌宕，肆力为之。其大较也。自来言宋儒程朱之学者，无不拘谨。而罗泽南发之以大勇；为桐城方姚之文者，多失缓懦，而国藩矫之以神奇。然则湖南人之所以为湖南，而异军突起以适风土者，一言以蔽之曰强有力而已。奖拔英豪，如恐不及，而择其尤，同升诸朝。左宗棠以举人参湖南巡抚幕，而为湖广总督官文所劾，欲逮讯，则以深明将略荐为帮办军务，授浙江巡抚。李鸿章以年家子相依，管奏记，则以文武兼资荐为江苏巡抚。咸致大用，弘济艰难。其后宗棠故相违异，以见丰采、明子立。而扬言于朝，则曰："曾国藩知人之明，谋国之忠，非所能及。"及国藩之殁，乃制其语为挽联曰："谋国之忠，知人之明，自愧不如元辅；同心若金，攻错若石，相期无负平生。"自以为和而不同，君子之道焉。传有《曾文正公全集》二百二十八卷。

左宗棠，字季高，湘阴人，道光十二年壬辰举人。洪秀全、杨秀清起广西，进湖南，奄有江东。宗棠起参湖南巡抚骆秉章军事。挥兵四出，遂以知兵历仕咸丰、同治、光绪三朝，平太平军，平陕捻，平甘回，克复新疆。累官浙江巡抚、闽浙总督、陕甘总督、两江总督，晋大学士，封一等恪靖伯，晋二等侯，谥文襄。历古以来，书生戎马，而兵锋所指，东极于海，西尽天山，纵横轶荡，未有如宗棠者也。世之人，徒震其功名冠时，才高意广，而不知忧勤惕厉，操心之危，虑患之深，固无不与胡林翼、曾国藩二公者同。胡林翼聪明绝世而纳之于平实，曾国藩谨慎持躬而发之为强毅，而宗棠则豪雄盖代而敛之以惕厉。语于人曰："古之读书修身卓然有立者，无不从艰难困苦历练而出。若读书不耐苦，则无所用心之人；处境不耐苦，则无所成就之人。'动心忍性'四字，最可玩味。'动'字之义，如乾之惕，震之恐也。'忍'字则艰贞正固之义。人情耽于逸乐；当无事之时，觉眼前无可复虑，耳目口体之欲日盛，而德慧术智日即消亡，冥然顽然。遇不如意事，见不如意人，斯可以验平素之道力。至成败利钝，在我者不能不明辨深思，在天者不敢参也。窃以为近时人心之蔽，每因此关未能勘破，而丧其心之所明以扰淡定之天。不如索性做去，成败利钝，不置于怀，世上尽有风波，胸中自无冰炭。而忧烦抢攘之中，时获一恬舒休裕之境，庶可担当世事也。"自童儿时，即知慕古人大节。稍长为壮语，视天下事若无不可为。而贫无钱买书，于家塾得前巡抚桂林陈宏谋在湖南刊行大字本《四书》，辄欣然忘食。日有粗粝两盂，夜有灯油半盏，即思无负此光景。而无奇书可得，惟就四书五经，讽诵咀嚼。自谓："一生受用不尽。四十年以后，抱负措施，都从此时蕴蓄。筋骨体肤，都从此时磨练也。"迨年十八九，于书肆购得顾祖禹《读史方舆纪要》，潜心玩索，喜其所载山川险要，战守机宜，了如指掌。又参以顾炎武《郡国利病书》及齐召南《水道提纲》，汇编手抄。又读贺长龄所纂《皇朝经世文编》，丹黄殆遍。而长龄以江宁布政使居忧长沙，闻而召延焉。发所藏书，借与披览。梯楼以取，而数登降，不以为劳。及宗棠之还书也，必问所得，讲论孜孜。每曰："天下之大，人才之少，幸毋苟且小就，自限其成也。"遂介之见其弟熙龄。熙龄方以御史家居，主城南书院，而诏以读宋儒义理之书。乃与罗泽南为友，砥砺学行。而以二十一岁与兄宗植同榜乡试中式。宗植领解，而宗棠中式第十八名。遂入赘于湘潭周氏。妇名诒端，字筠心，常时敛衽危坐读书史。香炉茗碗，意度俏然。而宗棠每与谈史，遇有未审，随取架上某函某卷示宗棠，十得八九。宗棠阅方舆书，而授妇绘图，为《舆地图说》，详绘山川道里，条列历代兵事，而不及形势。盖以地无常险，险无常恃，攻守之形，不可前定也。历岁乃成，署联于楹曰："身无半亩，必忧天下；读破万卷，神交古人。"少而力耕，喜读农书而躬验有得，以区种为良，作《广区田图说》，指陈其利。而以食为民天，必资于农，思为一书，分类撰著，曰《朴存阁农书》。自负平生以农学为长，尝问之而得其事，亦学之而得其理。以谓："今之农者，亦如今之学者，欲速见小，自误而以误人。吾三十以后，读书渐多，阅世渐深，知区区之存于心中，自以为是者，仅足以仿当今无足指数之人。而于古之狂狷尚未逮也。则愿力耕读书以自勉其所为。"兄宗植假馆四方，岁暮归，辄出所著录相示。或谈掌故，论时事。然学求心得，不尚苟同。尝各持所见，断断辩难，穷日达夕，至颜发赤，妇周乃温酒解之。酒后，或仍辩诘，或遂释然。三试礼部不第，伏处田里，半耕半读，而隐然具公辅之望。两江总督陶澍、云贵总督林则徐、贺长龄，交相推重。及洪秀全以其徒徇湖南，巡抚张亮基、骆秉章先后延佐军幕。是时民不知兵，兵不经战。宗棠以谓："欲遏贼势，先固民心，须先使民知兵。"会曾国藩奉诏办团，乃就商，所见略同。遂罗致豪杰，募练勇丁。国藩率师东征，而宗棠佐骆秉章以坐镇湖南。湖南之得以保境安民，湘勇之用能杀敌致果者，曾国藩倡之，骆秉章主之，而宗棠实力赞之。所用人才，皆国藩所不喜，曰："天下之才几何？若不宽以录之，则凡需激厉而后成、需磨炼而后出者，胥遭屈抑矣。凡用人，用其朝气，用其所长。忠告善道，使知意向。勿穷以所短，迫以所不能，则得才之用矣。然才之难得，不在谋而在勇。汉高百战而得天下，其《大风歌》，则曰：'安得猛士兮守四方！'是真阅历有得之言。留侯，曲逆，若不得韩、彭、绛灌之流，亦不能济事。大凡才气恢廓之人，时有粗豪之病。人之性质，各有短长，不可概以绳墨相拘，亦不必求其相谅。梦想奇才，求之不得，则以世之游侠必有奇才出其中也，不知若辈只能为乱民耳。试看历来游侠有几成人？屠狗贩缯中所以有豪杰者，所执虽卑，而其心尚朴，其性尚完。若游侠，则已凿其天。纵其偏至之性，不畏不仁，不耻不义，吾安得与之游节义之林哉！"选将训士，幕府雍容；南征北讨，指挥若定。而申儆之曰："兵事属阴，当以收敛闭塞为义，战阵尚气，当以磅礴郁积为义。知柔知刚，知微知彰，则皆乾之惕若之心为之也。至用兵之道，察地势险易，审彼己情形，规模局势，尚可预计。而临敌之审机致决，瞬息不同。兵情因贼势而生，胜负止争呼吸，断无遥制之理。自忝军事，阅历颇多，其中有算至十分而用七八分已效者，有算至七八分而效过十分者，亦有算至十分而效不及三四分者，更有我算多而贼算不应，并有贼算出于我算之外者。大抵胜局须防一著之错，败局原有一著之生，其分在用之之人，其效在一心之用而已。兵事利钝，未可预知，而锐进须防其退速，后劲尤重于前茅。盖战阵之事，最忌前突后竭。行军布阵，壮士利器厚集于后，则前队得势，锋锐有加，战胜而兵力愈增，必胜之著也。若全力悉注前行，一泄无余，设有蹉跌，无复后继，是乃危道。"

曾国藩出师屡挫，而宗棠用兵必胜。岸异自负，署号"葛亮"。特诏以四品京堂帮办国藩江南军务。募五千人，自树一帜，号曰"楚军"。遂以平浙，平闽，平粤，平陕，平甘，平新疆，战胜攻取，威殚旁达。而始出兵，之江西，与石达开战于景德镇。以新集之勇，当方张之寇，斩将搴旗，军声遂振。而诒所部将卒曰："汝曹亦知我之所以胜乎？始贼以重围困我，贼众我寡，其锋锐甚，不可战也。贼见我不动以为怯，数挑战，骄也，骄极必怠，俟其怠而击之，用力少而成功倍也。兵之强弱，在乎气之盛衰。无以司其消长之权，则强者弱矣，今日之贼是也。我有以妙其鼓舞之用，则弱者能强矣。"大兵之后，赤地千里，而宗棠教将士种树艺蔬，辟田野而抚残黎，因地制宜，诏以山农泽农之法。其入甘度陇而平陕甘也，首师行所至，辄以屯田为务。至则相度形势，于险要之口安营设卡，而垦平原为广田。督弁卒战阵之余，即释刀仗事锄犁以艺谷蔬。农功之暇，则开沟洫，便灌溉以兴水利，筑堡塞以居遗民，给耕具种子以劝农田。官道两旁，种榆柳垂杨以荫行旅。兵民杂作，而宗棠日巡行看视以劳来而劝勉之。及其流亡渐复，客作渐集，则去而之他。所有兵屯之地，尽付之民，缓催科而劝储时。自凉州以西至玉门关，井灶相望，而杨柳夹道，延数千里，绿阴沉沉。盖所部楚军，向募农家，不收游惰，而偏裨亦多来自田间，故以其所习课其所能，不烦教督而自劝也。尝诏其子曰："古人经济学问，多在萧闲寂寞中学得。积之既久，一旦事权在手，随时举而措之。吾频年兵事，颇得力方舆之学。入浙度陇，兼及荒政农学。大都昔时偶有会心，临急遽以得力。以此知读书之有益，而问学之宜豫。儿曹但知吾频年事功之易，而不知吾频年涉历之艰；但知吾此日勘定之功，而不知吾此后负荷之不易也。"新疆既定，而俄人以兵占伊犁，不肯还。李鸿章方为直隶总督，遥执朝政而主媾和，诏下总理衙门问宗棠。对曰："泰西各国，船炮虽利，而重洋远隔。彼以客军深入，虽得吾地，战则势孤，守则费巨；彼如思逞，亦有戒心。俄与中国，则壤土相连，狡焉启疆，得寸即寸，得尺即尺。苟无以制，患莫大焉。主战固以自强为急，即主和，亦不可示弱以取侮，譬之围棋，败局中亦非无胜着。惟心有恐惧，则举棋不定，不胜其耦矣。自海上用兵以来，其始坏于不知洋务之人，不知彼己，侥幸求胜。其继坏于深悉洋务之人，不知大计，苟且图存，愈办愈坏，莫知所措。西人狡诈，每于仓皇之际，乘吾猝不及详之时，危词迫促以要之，鲜不堕其度内。而和战未定之际，宜定计于先，而出之从容暇豫。以战为备，不妨以和为款。譬乘船遇风，当用风掉枪时，操船者欲张帆，必先下帆，令舟无欹侧，乃免遭险。若随风转脚，必有倾覆之虞。昔与多礼堂将军论黑龙江事，多将军力言'非由黑龙江出兵深入俄边，不能掣爱呼俄兵之势。'意以用棋局劫着为宜。且谓：'俄越境入中国，所坏者中国地方；我越境入俄边，所坏者俄国地方。得失固不相侔也，俄人须防后路，自不敢一意向前。'多名将，不徒以武力见称；丰镐旧家，未有其匹；惜不逢此奇杰，快睹壮猷也。"英风霜气，老当益壮，而出其余事为文章，亦复生气远出，磊落英多。胡林翼谦不敢言文事，而宗棠则仗气爱奇，殊不以唐宋八家自限，而欲驾出其上，大抵以汉京之典茂，救宋人之轻侠，略与曾国藩同。曾国藩力学而资禀拙，每有累句；宗棠则天分高而功夫浅，不免拙笔。然大方家数，不为描头画角，而出以灏气流转，拙处亦见姿致。顾不喜接文士，以谓华而不实，无补时艰。湘潭王闿运以文章傲视公卿，擅声东南，而与之书，怪其不以贤人相师，谓"天下之大，见王公大人众矣，皆无能求贤者。"顾宗棠则言："王壬秋为易篁村传，将胡文忠说得极庸，李忠武说得太愎，于理未安。即起篁村问之，亦必有蹙然不安者。徇一家之私言，乱天下之视听，文士笔端，往往如此。"妇周戏言："君不喜华士，日后恐无人作佳传。"笑曰："自有我在。求在我，不在人也。士君子立身行己，出而任天下事，但求无愧此心，不负所学。名之传不传，声名之美不美，何足计较！'吁嗟没世名，寂寞身后事'，古人盖知之矣。"既而同县郭嵩焘、巴陵吴敏树，欲纂《楚军纪事本末》，遗书索钞奏稿书牍，宗棠复言："吾湘二十年以来，内固封守，外从王事，所历多危险阻绝之境。他人咋舌敛手不敢引为己任者，吾湘毅然一身当之。其初何尝有天下后世在其念虑，亦何尝预计所事成否，为寂寞身后之图。会逢天幸，各有所就，战绩昭彰，此乃天下一大转机，吾湘祷祀求之者。岂谓功必自湖南出，名必自湖南出乎？其人先世，率守耕读，不但仕宦稀少，而经商服贾以至外省者亦不数见。老生宿儒，耐寒饿而厌声称，岁得馆谷数十石，即为称意。及兵事起，谨厚者走匿山谷，徐乃觉事尚可为，强起从戎，学骑马，学击刺，今所指为达官贵人，由此其选也。自今以观，高官厚禄，焜耀一时，何莫非先世贫苦困乏，蕴蓄积累所致乎？诸君子为桑梓谋，则凡所以去奢去泰者，莫如保先世纯朴愿悫之风以保世滋大。俾湖以外得长享萧闲无事之福，为幸多矣。"自言：

"余出山十余年，跃马横戈，气扬心粗，恐善源日涸，得暇即亲六籍。"亦与胡林翼行军必讲《论语》、曾国藩临戎不废书史之旨趣同。胡林翼以聪明成其虚怀，可谓善用其长；曾国藩以愚直成其忠诚，及宗棠以刚愎成其鸷锐，则皆善用其短。而泽之以文章，养之以学问，以艰难自励其志气，以强毅自振于挫败，三公者，又不同而同。传有《左文襄公全集》一百二十三卷。

五、刘蓉　郭嵩焘

胡林翼、曾国藩、左宗棠，功成名显，身都将相，刘蓉、郭嵩焘，方振即蹶，中构谗慝，遇与不遇，固以不伦。左宗棠荐刘蓉自代以参骆秉章之军事，郭嵩焘为左宗棠劾去而荐蒋益澧为粤抚，交道离合，亦难言之。然处官以廉靖，委己于问学，位高者固以不懈于学善全其勋名，身退者亦以不懈所学自励于家园。德业尽异崇庳，而苦学则固同归。特刘蓉以宋为学，以廉自诩。而左宗棠则与人书以切论之曰："廉仅士之一节耳。不廉固无足论，徒廉亦何足取！吾湘之人，厌声华而耐艰苦，数千年古风未改。惟其厌声华，故朴；惟其耐坚苦，故强。惟其朴也，故塞而鲜通；惟其强也，故执而不达。今之曾侯相及郭筠仙、刘霞仙，皆是也。至于操守一事，则曾、郭、刘皆无讥焉。朋友之道，贵规其短而知其长；论人之道，贵持其贫而止于当。霞仙若以其廉而傲人，则吾湘之人，尚无不廉而在位者，又何傲焉？若谓廉之外不必深求，则廉而在位者，又非湘所乏也。何以不闻自责以责人，而反据人所同有者以傲人乎？霞仙生平好论学，且好以宋之程朱轨辙自命；实则不得于言，勿求于心，告子阳明一路人耳。"极言砭讥。然而生乎今之世，由今之道，真能以宋为学而心安理得，以廉自诩而不间人言，吾见亦罕矣。

刘蓉，字霞仙，湘乡人。少有志节，与曾国藩、郭嵩焘布衣订交为兄弟。而国藩早贵，官京朝，蓉尚未补诸生也。国藩集苏东坡句为联以赠曰："此外知心更谁是？与君到处合相亲！"盖以子由相视，而贻书告以因文见道之说。及国藩奉诏办本省团练，蓉规以书曰："执事，今世所谓贤者。称执事之能者曰：'文祖韩愈也；诗法黄庭坚也。奏疏所陈，欧阳修、苏轼之伦；志量所蓄，陆贽、范仲淹之亚也。'数者诚足以暴于天下矣。道丧而文敝，得贤者起而振之，岂曰小补。然此特士君子不得志于时之所为耳。既已达而在上矣，则当行道于天下，以宏济艰难为心。托文采以庇身，而政纲不问；藉诗酒以娱日，而吏事不修；陋习相承，已非一日。君子推原祸殃所自始，将唾弃之不暇，忍复蹈覆辙而躬为之驾哉！大疏所陈，动关至计；是固言人所不能言、所不敢言。然言之而未见其效，遂足以塞大臣之责乎？国是未见其益，而闻望因以日隆；度贤者之心，不能无歉然于怀也。若夫陆、范之志量则远矣。匡主济时之略，先忧后乐之怀，执事雅量及此，庶能任天下之重者。亦望陈古训以自鉴而不矜于气，规大道以自广而务宏其度，集思广益，庶几近之。若规永叔、子瞻之节概以自多，采退之、鲁直之词华以自豪，此承平无事之世，所为优游以养大臣之望者，而非当今之所急，以无救于治乱之数也。颂执事之贤者，曰'其廉可师'；明执事之志者，曰'以身殉国'。虽执事之自许也亦然，曰'不爱钱''不惜死’，壮哉言乎！虽然，以此二者明执事自待之志，可矣；若以慰天下贤豪之望，尽大臣报国之忠，则岂但已哉！贪夫之殉利也，如蚁蚋之逐臭。于此有人，志节皎然，可不谓贤乎？然自君子观之，特士行之一节耳。贞女之自号于众曰：‘吾能不淫’，不淫遂足以该淑女之贤德乎？不规其大而遽以自旌，则何见之陋也！今天下祸乱方兴，士气弥懦，欲驱天下智勇才辩之士，捐坟墓，弃亲戚，出没锋镝以与死寇角，非赏不劝。汉高捐四千户封赵壮士，而陈豨授首。项羽印刓不忍予，而韩信、陈平间行以急去。故滥赏则志士耻与庸竖为济，而吝赏抑无以系豪杰之心。以廉自奖，则抑将以廉绳人，而功名之士，乃掉臂而去之矣。故曰：‘廉介之操，以语执事自待之志可也。大臣之道，盖不止此，而抑非可以泛责之人人者也。’”国藩深纳其言，顾招之以书曰：“吾不愿闻弟谈宿腐之义理，不愿听弟论肤泛之军政，但愿朝挹容晖，暮亲臭味，吾心自适，吾魂自安。筠仙深藏梓木洞，亦当强之一行。天下纷纷，鸟乱于上，鱼乱于下，而筠独得容其晏然乎？”蓉赴召，而嵩焘继之。二人者与国藩约：“服劳不辞，惟不乐仕宦，不专任事，不求保举。”国藩诺，而诏管理银钱所主计曰：“郭、刘二君，吾兄弟交，不与众同。薪水惟所支用，不限数也。”然二人从国藩数年，不支一钱，国藩意颇不安。一日，欲登蓉荐牍，曰：“此亦古人之常。”蓉曰：“萧朱、王贡以转相汲引为贤，盖汉人踵战国余习，非君子相交以道也。士各有志，何以强为？”国藩乃止。国藩每谈经，好举汉学家言。蓉应曰：“汉人诂经，各有专门，守师说；虽所得有浅深，不尽当于古人精微之旨，要不失慎重传信、笃学好古之意。近世所谓汉学家，何谓者耶？异论歧出，其说千变，以为宋儒去今仅数百年，汉则数千年，于时较古，又宋儒者，功令所崇，众人之所同趣也，吾亦从而同之，不足为异，则创一解焉，引汉人笺注，曲为证附以成吾说；既可援汉儒以自尊，又可贬宋儒以立名，而吾之学，遂以超宋轶唐，独承汉以来二千年之绪。及叩以六经之大义微言与宋儒所以不合于道者，茫然莫知所谓。然则彼以汉学自鸣，非师古也，师心而已矣。其所为终身由之而不厌者，非好学也，好异而已矣。朱子于诸经讽诵反复盖数十年，精思熟读以求古人广大精微之蕴，汇众说而折其衷，推其用力之勤，知其所深造而自有得者，未可几及。特朱子于古今时务政治之宜，靡所不讲，而后之学朱子者，但守心性理气之辨，《太极》《西铭》之说，闭门独坐，泥塑木雕。一涉仕途，便无措手，所值皆无可奈何之事，所应皆未之前闻之务。此智略之士，睨视窃笑，以道学为废物也。至其行己立身，去就取舍，严义利之辨，兢兢不敢少过，则犹庶几君子。道虽未宏，学与行尚出于一也。至为汉学者乃歧而二之，'学则吾学也，行则吾不知也'。世亦遂无以行义责之者，以谓彼特为名物度数之学以资考证而已，不当以道义相苛。泯泯棼棼，学术坏而人心风俗随之。"国藩亦无以难也。及咸丰十年，左宗棠以佐骆秉章而专其政，为总督官文所劾，远引而荐蓉自代，以起之于家。明年，秉章移督四川，携蓉而往，平巨寇蓝、李二姓，散其徒众，遂授四川布政使。会太平军翼王石达开以其众经滇入川，而前扼大渡河，后阻苗山，陷绝地，饥无所掠食，于是蓉以兵往，抚其众而絷达开以归。问起兵状，达开历陈金田发难之

后，战胜攻取，一一如绘，而猛骛之气不衰。自言："南面称王
十余年，屠戮官民千万计，今天亡我，何惜一死！"临刑怡然。
蓉颇壮之。而左宗棠贻书，欲以葛亮一号貤赠。蓉戏对："诸
葛食少事繁，鞠躬尽瘁，所不欲承，谨以奉璧。"寻以关中汉
回交哄，而捻乘之，移蓉陕西巡抚，而为御史蔡寿祺劾罢。将去
官，闻左宗棠奉诏以陕甘总督督师剿贼，而移书告，以谓："关
陇用兵不可不早计者有六：一、剿贼不难，所难者筹饷筹粮。筹
饷筹粮尚易，尤难者运粮。非宽筹粮饷，运有办法，切勿进兵。
一、军糈无资，当缓新疆西征之师，先肃清陇境。辟地屯田，储
糗粮，练马队，然后振旅出关。一、办甘贼，当以陕为根本。资
粮转输，皆须借力于陕，非得同心膂、共忧乐之人为陕抚，持心
定志，不足与济艰屯。一、捻贼入陕，号四五万，然能战者不过
六七千人。每战，辄以马队万骑四面包裹，懦卒怯将，慑而望风
靡。其实但能严阵坚持，屹立不动，则亦不敢进逼吾阵。俟其锐
气之惰，奋起突击，必无不胜。一、办甘回，当先清陇东，次捣
河狄。两地既定，其余可传檄而定。专事剿，则力固不逮；不痛
剿而议抚，则叛服无常，亦何能济。一、关陇将才吏才，无可用
者。然地瘠势艰，虽杰然者视为畏途，须广罗艰贞坚苦、仗义相
从之侣，以资襄助。此六者其大端也。以公智虑渊涵，固可即此
以得大凡矣。"其后宗棠平陕捻，平甘回以定新疆，一切经略，
大率如蓉言。蓉既放归，营遂初园，杜门讲学者十年。其论学一
以宋儒程、朱为归，力排汉学之穿凿，亦不取陆、王之禅悟，而
于学者之不能反躬、徒以矜私知而炫多闻，尤不惮深贬而痛绝
之。乃至讼其乡人以湘乡之功名日盛，而湘乡之风俗日敝，语重

而心长以慨乎有言曰："吾邑风尚素号愿朴，农民勤稼穑，士子励廉隅。故军兴以来，文职武弁，崛起草泽，以能为国宣力。而迁流日久，侥幸之心生。以利禄为易得，而争事繁华；变朴厚之旧风，而群趋嚣竞。乡村每有争讼，不问理而较势，及其呈控到县，亦复以是为衡。由是有势者恃以横行，而无力者亦借资于有力之绅衿以张其焰而求一胜。此民风所以浇漓，人心所以窳坏也。二十余年来，东南遘祸，举凡衣冠文物，竞逐纷华之国，无不残破。故家世族之所留遗，巨贾豪商之所积累，莫不荡为灰烬，化为飞烟。子女仳离，乞食道路。独湖南晏然无恙，吾乡人因此跻致名位，广积金钱。旧时凿井耕田之子，椎牛屠狗之夫，皆高牙大纛、美衣华屋以自豪于乡里。果有何功德在人，宜食此报以长保富贵而无后灾哉？智者见祸于未萌；凡无功有享厚报，无德而致大位，皆智者之所视为不祥而深自警惕者也。矧各省皆罹于难，吾乡独蒙其休。天道忌盈，物极必反，如不惕厉修省，懔持盈保泰之思，正恐暑往寒来，福过灾生。前日之膺祉蒙休，冠于他郡；后日之遭殃罹祸，亦且烈于他邦。此古今盈虚消息之常理，非同释氏因果报应之谈。每举以语朋辈，款语谆谆，听若虽颇面从，退则或相迁笑。人心陷溺，如何如何！"观其持论不徇风气，知制行不为诡随矣。论文不持宗派之说，而为文章条达疏畅，如己意之所欲出，其源盖出于苏轼云。传有《养晦堂诗文集》十二卷。

郭嵩焘，字伯琛，筠仙其号也，湘阴人。年十八，补县学生。游岳麓书院，识刘蓉，而曾国藩自京师归，道长沙，与蓉旧好也，介相见，欣然联欢为昆弟交，以问学相切劘。国藩称引汉学，蓉褒大宋儒，而嵩焘则言："宋儒发明圣学至精密，独有一事与圣道大反。圣人之立教，曰'慎言'，曰'其言也切'，曰'古者言之不出'，无相奖以言者。尧舜禹之授受，曰：'惟精惟一，允执厥中'，内自愍于一心，而不敢及于天下之得失。而即继之曰：'无稽之言勿听'，是自圣贤之治天下，与其所以自治者，无不以言为大戒。宋儒顾不然，凡有言者皆善也，乃至劾欧阳公，劾富郑公、文潞公，皆谓之直臣矣。凡事皆可言也，乃至采官禁之传闻，陈鄙夫之猥陋，皆自负为善谏矣。其间贤愚错出，人才勿论也。自汉唐迄今，政教人心交相为胜，吾总其要曰名利。西汉务利，东汉务名；唐人务利，宋人务名；元人务利，明人务名。二者不偏废也，要各有其专胜。好名胜者气必强，其流也揽权怙党，而终归于无忌惮。好利胜者量必容，其流也倚势营私，而终归于不知耻。故明人以气胜，得志则生杀予夺，泰然任之，无敢议其非。本朝以度胜，得志则利弊贤否，泛然昕之，无敢任其责。一代之朝局成而天心亦定。终明之世，居位者大率负强使气魁人也。本朝则贤者优容，不肖诡随。稍能持正议，核名实，振肃纪纲，考揽人才，辄曰'无度量'。吾不知所谓度量者，将奚以为也！马司德操谓：'识时务者为俊杰'，吾则以不为风气所染为俊杰。虽讲学治经亦然。宋明之语录，本朝之汉学，皆风气之为也。君子未尝不为之，而固非道之所存矣。自非深识特立之君子，介然无与于风气之会，乌足与论时务哉！"其意渊然以天下为量。尤自厉勤苦，以渭："古无有以'士'名者。自公卿大夫之子，下及庶人，皆入学。其能为士者，与其耕者工者，各以所能自养。其有禄于朝，则有上士、中士、下士之等，其次则任为府史。制行尤高，其志尤隐。舜、伊尹之耕，傅说之工，吕尚之屠且渔，胶鬲、管夷吾、孙叔敖之贾，皆任为士者也。至汉犹然。路温舒、卜式、王尊牧羊，公孙宏、承宫牧豕，兒宽为都养，朱买臣刈薪，匡衡佣作，梁鸿任春，韩康卖药，徐稺耕稼，申屠蟠为漆工；或历仕公卿，或怀道守节，隐见不同，而皆不辞贱役，所资以为养然也。唐世尚文，人争以文自异而士重。宋儒讲性理之学，托名愈高而士愈重。人亦相与异视之，为之名曰'重士'。不知所谓士，正周官所谓闲民也。士愈多，人才愈乏，风俗愈偷。故夫士者国之蠹也。然且不能自养，而资人以养，于国家奚赖焉？然自士之名立，遂有峨冠博带，从容雅步，终其身为士者，而士之实乃终隐矣。"举道光二十七年丁未进士，授翰林院庶吉士。回籍，会洪秀全以其徒徇湖南。曾国藩以侍郎居忧，奉诏办团练，欲不出。嵩焘驰谒，苦口陈说。国藩乃为起，而苦费绌。嵩焘则为建厘捐之议，规盐厘之法。国藩有所资以募勇制器，而湖南亦恃以保境安民，支柱东南，皆国藩有以发之也。既而帅勇援江西，俘太平军卒，讯知战罢则登舟，因言："贼掠舟东下，纵横驰突，独占长江，而我无一舟与争利，非治水师，何以应敌？"而长江水师之议自此起。国藩亦以造船自任，移驻衡州，亦国藩有以发之也。江西围解，论功擢编修，入直南书房。而左宗棠在巡抚骆秉章幕，为总督官文所劾，诏下逮讯。国藩以谓："宗棠去，湖南无人支持，东南大局不可问矣。"为尚书潘祖荫言之。祖荫遂据入告，直言："天下不可一日无湖南，湖南不可一日无左宗棠。"诏问曾国藩意如何，遂授宗棠四品京堂，襄办军务。于是宗棠事解，而柄兵大用矣；则嵩焘之为斡旋也。同治元年，特授嵩焘苏松粮储道，再擢署广东巡抚。而宗棠以闽浙总督为钦差大臣督师入广东，连四折纠参，褫嵩焘职而以畀其属蒋益澧，曰："此以人事君之义也。"嵩焘叹曰："季高至交三十年，吾一生为之尽力，而相煎何太迫若此！"因论："世俗语大人先生，动曰'有来历'，佛家所谓'前生因果'也。少年征逐，见朋辈中天分绝高而终无所成，是谓有来历而无积累。积累者，积功累行，冥冥中所以厚植其基，根本盛大而后发生始繁。然其建功立名，如曾涤生、左季高之成就，又自有因缘。若或使之，若或助之，随所至而机缘巧合，争相拥护，而觌面者景从，闻声者响附，三者合而后功成名立。自问此生谓'无来历无积累'不可。而相煎迫出于至交，堕我成功，岂所谓'无因缘'者耶？"其致怨于宗棠深矣。宗棠在官颇循名课实而为治尚严。嵩焘则言："曩读船山书辟申韩之说，极论诸葛公不当用此为治。窃疑诸葛公生扰攘之世，值群雄并起，仓猝以就功名，所自命者管乐，而其量固远矣，岂能以三代王政期之？其后从政粤东，稍以知轻重缓急，见诸言事者毛举多端，为综核名实之说，而后慨然太息思船山之言。盖亲见万历以后，头会箕敛，用操切之术以求挽虚诬锢蔽之习。繁刑峻法，愈益不当其罪，坐使人心解散、国计消靡以迄于乱。是以言之痛切如此。处末世，纪纲法度废弛久矣，人心变幻，不可穷诘。如此当益穷求吏治，培养国脉。静以俟之，宽以容之，安民保国，不至困乱无告，则犹可庶几矣。昔官京朝，推求国家所以致弊之由，在其例文相涂饰，而事皆内溃，非宽之失，颟顸之失也。宽者宣圣之明训，国家积累之至仁，乌可轻议哉！今一切以为宽，而以严治之，徒使武夫悍卒乘势罔利以相陵藉。向者之宽，与今日之严，其为颠顶一也。颠顶而宽，犹足养和平以维人心，颠顶而出之以严，而弊不可胜言矣。"宗棠在边，亦整军经武以对外主战，嵩焘则言："西洋负强争胜，怀乐战之心，而用兵具有节度。其发谋常在数年数十年之前，而后乘衅以求逞，犹不遽言兵也。挟其所争之势，曲折比附以为名，常使其气足以自伸以求必得所挟，是以先事有预定之略，临变有必审之几。以彼之强，每一用兵，迟回审顾，久而后发。其阴谋广虑，括囊四海，而造端必以通商。迎其机而利导之，祸有所止，而所发明之奇巧转以为我利用厚生。国家办夷务二十余年，受其陵藉，其原坐不知事理，天下籍籍相为气愤，皆出南宋后议论。孙武之言战也，曰'知己知彼'。所谓'知彼'者，知其国势之强弱，知其人才之能否，知其势之所及与其计划之所从出，而后可以总揽全局以决胜负之机。韩信攻赵，知广武君之计用与不用。魏武知袁绍之不能袭许，又知刘表之不能袭邺，则可谓能知其深矣。知敌之深，乃益有余地以自处。西洋之患亟矣，中外诸公，懵焉莫测其所由，先无以自处。主战愈力，自处愈穷。一将之能而晏然自以为安，一战之胜而嘎然据以为喜，以当小敌不足，况若西洋之气方盛而势方强者乎？彼固无求倾中国之心，何为激之使狂逞也！"于时直隶总督李鸿章，则不言战而通商劝工，练兵购械，讲制造，力图富强。嵩焘则言："富强者，秦汉以来治平之盛轨，常数百年一见，其源由政教修阀，风俗纯厚，百姓家给人足，乐计趋公以成国家磐石之基，而后富强可言也。施行本末具有次第，然不待取法西洋，而端本足民，则西洋与中国同也。国于天地，必有与立，亦岂有百姓困穷而国家自求富强者？今视富强为国家之计，于百姓无与；不知西洋之富，专在民，不在国也。数百年来，顺通海道，尽诸岛国之利括取之，其奉固已厚矣。而治矿务日益精，五金出产之利，制备器具日益丰。又创为电报，数万里消息灵通。轮船、火车，驰行数万里以利转运。然必囊括四海，觑天下之利以为利，故能富也。中外情势之异，由来久远，以成风俗，未易强同。而其间有必应引其端而资其利，可以便民，可以备乱，可以通远近之气，而又行之甚易，历久而必无弊，则电报、轮船、火车是也。虽然，为是者有本有末，本者何？政教、人心、风俗是也。末者何？通工商之业，立富强之基，凡皆以为利也。利之所在，而政教修、人心厚、风俗醇者，国家与民共之。而又相与忘之，斯所以为大公而以美利利天下也。不然，争民施夺，上下交征利，民与民争则扰，上与民相匿则溃。扰者势有不能行，溃者情有所不能交达也。无其本而言富强，只益其侵耗而已矣。夫以西法为名，一切务为泰侈。士民失业者，亦皆引领以望，环集以求薪食，为利多少不能计，而所耗不资，久且不支。人人言利，而卒之无利可图以成败局。何者？无其本也。机器者，末之末也，凡用机器，必西人为之，中人多不能尽其法。此时宜广开西学馆，有人服习其业，知其所以为利，庶几人心所趋，自求之而自通之。所用机器，亦须因地制宜。何地何器，层累以求。贸焉而以机器往，愚者惊扰；即有知者，亦莫辨其所以为用。即此末中之一事，亦自有本末存焉。而百姓之为利，与所以求利国家，又自有本末次第。盖西洋富强之业，资于民人，其民人趋事兴功，而国家用其全力护持之，岁计所需以为取民之制。大兵大役，皆百姓任之，而取裁于议院。其国家与其民人交相维系，并心一力，以利为程。所以为富强者，人民乐利劝业，厚积其势以拱卫国家，行之固有本矣。未闻处衰敝之俗，行操切之政，而可以致富强者。日本在英国学工技者二百余人，其户部尚书恩娄叶欧举至奉使讲求经制出入，欲仿更制。而学兵法者甚少；盖兵者末也，各种创制，皆立国之本也。"自谓考古证今而知其通，由汉唐推之三代经国怀远之略，与今日所以异同，而有以见损益之宜。光绪元年，起为福建按察使，寻命以侍郎候补，在总理各国事务衙门行走。遂建议讲求邦交，遣使各国，以谓："西洋立国，本末兼资。其君臣上下，同心一力以求所以自立；正宜推究其情势，洞知其利病，遇有交涉事，即可略得其梗概而资以因应。"诏以充出使英法大臣，补兵部左侍郎。中国之驻使外国自此始。命下之日，湖南人之官京朝者，以为大辱，正言切论而劝之辞。嵩焘曰："苟利于国，不敢避就。身之不恤，何有于名？主忧臣辱，在此行也。"道员刘锡鸿求随使，嵩焘以其矜愎而不达事理，不之许也。锡鸿固以请，遂荐为贰，而相畔异，患生肘腋，劾以十款，末言："由候简运使而授闽臬，由闽臬擢兵部侍郎，朝庭何负于郭嵩焘而日夜怨望？"嵩焘读之惺骇曰："此真恶交矣，尚何言哉！君子之行道也，必有以振厉天下之人心而使之服，柔和生人之气使之驯，而后不疑于所行，而吾不能。自宋以来，尽人能文章，善议论，无论为君子，为小人，与其有知无知，皆能用其一隅之见，校论短长，攻剖是非，不能辨也。辨之愈力，攻者愈横，是以君子闻恶声至，则避之。避之者，所以静生人之气而存养此心之太和也。比匪之伤，吾道固穷，亦功业无因缘之明效大验矣。"径归卧家而不敢入朝也。因太息为人言："数十年出处进退以及辞受取予，一皆准之以义。服官之始，即自誓不以不义之财贻子孙。及巡抚粤东，出使西洋，人之所视为利薮也，照例开支，分毫不溢。在官之日，视国家公款重于私款，私款或供友人称贷，公款无迁就也。以是准之今人，多与鄙衷违反，或至用相诟病，辄为怃然。少时读《张子全书》曰：'士君子处治朝，则德日进；处乱朝，则德日退。'怃然有感于其言。程子谓：'朋友相处尤莫如相观而善之意多'，亦是此意。及莅仕以后，而所见有进。世之衰也，大抵营私利，负意气，惟意见之争，而于事理之当否，流弊之终极，竟一无考览。遇事有涉，陈说纷纭，每觉语言多而情事迂回。庄生有言：'此一亦是非，彼亦一是非。'其实匿情以自图私便。阅历多而体验深，则常愀然怀薄视之心。已而乃大悟曰：'张子所谓德日退者，其在斯乎！'夫不反躬而怀薄视人之心，则德之退有不胜穷也。夫任事在我，而展转有未遂，由学识有未充也！"自海外归而里居者十三年，主讲城南书院；兼辟思贤讲舍，祀王夫之，与学者讲肄其中。尤善言礼。早年与曾国藩商量旧学，国藩尝谓："先王修己治人，经纬万端，惟在于礼。"而未有成书。嵩焘则学礼而深造自有得。以谓："礼者，征实之书，天下万世人事之所从出，得其意而万事理。"于是研炼岁月，成《礼记质疑》四十九卷，折衷群经，以见诸行事，其素所蓄积然也。及其发为文章，理足辞简，特寓拗折劲悍之意于条达疏畅之中，坦迤之中自有波峭；不同曾国藩之瑰伟，亦异刘蓉之畅发。曾国藩追韩愈之雄茂，而语不检；刘蓉学苏轼之疏快，而味无余。嵩焘则得王安石之峭劲，而锋欲敛，畅而不流，拗以出道。碑传之作，以简驭繁，以叙抒议，语无枝叶，义必明当，出入欧王，允神史裁。传有《养知书屋诗文集》四十三卷、《奏疏》十二卷。

六、王闿运　阎镇珩

胡林翼、曾国藩、左宗棠、刘蓉、郭嵩焘，一代名臣，声施四海；王闿运、阎镇珩，老儒暗修，独抱遗经。遭际不同，出处攸异。然学不仅占毕，志在于匡俗；通经欲以致用，文章蕲于经国，则固不同而同。

王闿运，名满天下，谤满天下。目论者徒见其行己之通脱，与人之亡町畦。而莫知其振于孤童，鲁而愤悱，为学之不厌，诲人之不倦。其学人所知，不具著，而著其夙夜强学以待问，启迪后生如不及，恢张学风，不知老之将至。此则吾意中所欲言之王闿运。而不惮缕息旁搜以见景行之意。

王闿运，字壬秋，又字壬父。壬父二字，刻篆文小印，颠倒之如文王二字，隐自喻于素王之改制也。相传生时，父梦神榜于门曰："天开文运。"因以闿运为名。而性实鲁；幼读书，日诵不及百言，文不能尽解，同塾皆嗤之。师曰："学而嗤于人，是可羞也。嗤于人而不奋，毋宁已。"闿运闻而泣，退而刻励。昕所习者，不成诵不食；夕所诵者，不得解不寝。年十五，始明训故。十九补诸生，与武冈邓辅纶、邓绎，长沙李寿蓉，攸县龙汝霖结兰陵词社。摈弃世所谓诗古文，而诗取潘、陆、谢、鲍，文则推源汉魏，号"湘中五子"。二十四而言礼，作《仪礼讲》十二篇。二十八达《春秋》。其治学初由礼始，考三代之制度，详品物之体用，然后通《春秋》微言。张公羊，申何休，今文家言于是大盛也。于时，学者承乾嘉以来训诂名物之学，习注疏，为文章法郑玄、孔颖达，有解释，无纪述，重考证，略论辩，掇拾从残，而不知修辞为何事；读者竟十行，欲隐几卧。而闿运不谓是，因慨然曰："文者，圣之所托，礼之所寄，史赖之以信后世，人赖之以为语言。辞不修，则意不达；意不达，则艺文废；俗且反乎混沌。况乎孳乳所积，皆仰观俯察之所得，字曰'文'，言其若在天之星象，在地之鸟兽蹄迹，必其灿著者也。今若此，则文之道或几乎息矣。然辞不追古，则意不循今；率意以言，违经益远。是以文饰者胥尚虚浮，驰骋者奋其私知。故知文随德异，宁独政与声通！欲验流风，尤资总集。"为辑《八代文粹》，广甄往籍，归之淳雅。并为述其本由，使必应于经义。自以起孤童，未冠即与缙绅长者接，恐不礼焉，则高自标置，放言高论。而成名之后，弥以无让，貌似萧散，意实矜持。以二十二岁中咸丰三年癸丑举人，应礼部试入都，尚书肃顺方柄政，延为上客。一日，为草封事，文宗叹赏，问属草者谁，肃顺对曰："湖南举人王闿运。"问："何不令仕？"曰："此人非衣貂不肯仕。"曰："可以赏貂。"故事，翰林得衣貂，而闿运嫌以幸门进，不出也。既，文宗崩，孝钦皇后骤用事，以谋逆诛肃顺，余党株连，而闿运先以事赴山东。得肃顺书，驰入京，闻其诛，临河而止。寄南昌高心夔伯足诗曰："当时意气备无伦，顾我曾为丞相宾。俄罗酒味犹在口，几回梦哭春华新。"心夔亦肃顺客也，盖不胜华屋山丘之感。后数十年，闿运老矣，而主讲船山书院时，一夜为客诵此诗，说肃顺事，曰："人诋逆臣，我自府主！"泪涔涔下。其岁，走京师，托言计偕，而实未与试，阴以卖文所获数千金，致肃顺之家而恤其妻子云。闿运诙诡多智数，独于朋友死生之际，风义不苟如此。肃顺既败，乃踉跄归，伏匿久不出。及曾国藩起督师而入其幕，告国藩曰："公之文，从韩愈以追西汉，逆而难，若自诸葛忠武、魏武帝以入东汉，则顺而易。"而国藩不之省也。国藩好荐士，其尤者至起家为巡抚、布政使。士争相效，闿运独为客，文章雍容，不受事，往来军中，或旬月数日即归。其后国藩益贵重，其客皆称弟子，而闿运为客如故。尝至江宁谒国藩，国藩未报而招之饮，闿运笑曰："相国以为我餔啜来乎？"即束装行，国藩追谢之，不及也。及撰《湘军志》，叙国藩之起湘军及戡定太平军本末，虽扬诩功绩，而言外意见，婉而章，尽而不污，焯有史法。曾国荃者，国藩之弟也，自负血战下江宁以佐其兄，劳苦功高，读之而忿，致诘曰："皆君故人，何故刻画之？"毁其板。闿运笑语人曰："吾于《湘军志》著'李秀成者，寇所倚渠首，初议生致阙，及后见俘寇皆跪拜秀成，虑生变，辄斩之，群言益哗，争指目曾国荃，国荃自悲艰苦负时谤'云云。吾为曾沅甫发愤而道，沅甫乃以为恨而切齿于我，不知文之人不可与言文，以此叹令尹子兰之不可及也。"然其书实无大讥弹，自曾国荃以谤书为诋，而向声背实，不悦曾氏者，乃真以太史公目之矣。呜呼，动而得谤，名亦随之，世情自古如斯，所以闿运不怒而笑也。既以肃党摈，不用于时，大治群经以开教授。四川总督丁宝桢礼致之以为成都尊经书院院长。至之日，则进诸生而告之曰："治经之法，于《易》，必先知'易'字含数义，不当虚衍卦。于《书》，必先断句读。于《诗》，必先知男女赠答之词，不足颁于学官，传后世。一洗三陋，乃可言《礼》。《礼》明，然后治《春秋》。"又曰："说经以识字为贵，而非识《说文解字》之为贵。"又曰："文不取裁于古，则亡法。文而毕摹乎古，则亡意。然欲取裁于古，当先渐渍乎古。先作论事理短篇，务使成章。取古人成作，处处临摹，如仿书然，一字一句，必求其似。如此者，家信账记，皆可摹古。然后稍记事：先取今事与古事类者，比而作之；再取今事与古事远者，比而附之，终取今事为古所无者，改而文之。如是者，非十余年不成也，人病欲速。"遂教诸生以读十三经、二十四史及《文选》。汉儒人专一经，诸生亦各治一书，毋贪多，毋不经意。日有记，月有课，而闿运精勤校阅，将顺其美，而匡正其不及。暇则习礼，若乡饮投壶之类，三年皆彬彬矣。厥后廖平治《公羊》《榖梁春秋》，戴光治《书》，胡从简治《礼》，刘子雄、岳森通诸经，皆有师法，能不为阮元《经解》所囿，号曰"蜀学"，则闿运之以也。既归，主长沙校经书院，移衡州船山书院。在船山之日久，大吏造拜，或傲蹇不见；而引接后生，则温霭逾恒，曰："位高而齿尊者，菁华已竭，不如后生可畏也。"循循善诱。有献诗者，即陋劣不中律，未尝不为改窜。其弟子县人杨钧请曰："此不成语，何必枉抛心力？"应曰："人有好学之心，即有诱之之责。若因其陋而薄之绝之，心沮气堕，不得无望于进，即此恶诗亦不为矣。"县人张正阳者，本锻工也，耽吟咏而为人佣，一夕，睹白桃花盛开，而月色绮映，忽得句曰："天上清高月，知无好色心。夭桃今献媚，流盼情何深！"姜畲陈鼎见之大惊曰："子诗何似孟郊？然非王先生不能成子名。"会大雪，戴笠著屐，单衣磐踔，造门投卷。阍者见其面垢衣敝，拒不为通，则大呼曰："我以诗谒王先生，乃却我耶？"阍者不得已为进。方设筵宴邑令，邑缙绅先生咸在，闿运即席开卷读，顾曰："邑中有此诗人耶！"延之上座，座客愕然。正阳泥淖满身，而貂狐裘丽，嫌为所污，莫敢与酬对。闿运则殷勤问讯，遂使受学而补诸生，通"三礼"、《春秋》、《尚书》、《诗经》，讲评孜孜，撰有《诗经比兴表》《礼经丧服表》，闿运叹为前人所未发也。然宏奖之中，不废规诫。龙阳易顺鼎者，幼而英秀，闿运呼之仙童者也。既而以道员自伤侘傺，署号"哭庵"。闿运则规以书曰："仆有一语奉劝，必不可称哭庵。上事君相，下对吏民，行住坐卧，何以为名？臣子披昌，不当至此。若遂隐而死，朝夕哭可矣。且事非一哭可了，况又不哭而冒充哭乎？闿运言不见重，亦自恨无整齐风纪之权，坐睹当代贤豪，流于西晋、五胡之祸，将在目前。因君一发之。"其峻厉如此。其弟子杨钧请业，曰："如何？"答曰："成名有余。"钧大惧曰："所谓'成名有余'者，殆谓自立不足也，敢不勉夫！"闿运言："诗有家数，有时代，文无家数，有时代。余学晋宋诗，骎骎入古。至于文力追班马，极其功力，仅得似《明史》，心甚耻之。及作《湘军志》，乃超时代矣。以数十年苦心孤诣，仅仅得免为明文。若学八家，数月可似。学话易，自运难。故不甚劝人学文，恐误人抛心力也。不如学诗，离去时代，专讲家数。成家，即上跻其代矣。"而钧则言："吾师门人,文字通顺者不多,皆谓唐宋之文不屑意,而以《史记》《汉书》为学。故虚字多反用,造语尤晦涩,反不若时手之驾轻就熟,无词不达也。古诗不求明畅,以拙为宗,稍可掩不通之迹,故师门多诗人。"其为文章,长于抒情叙事,从容讽议,中含诙诡,以优游出顿挫,而不以驰骋为曲折。尝教人以学范晔《后汉书》及魏武帝文。钧则言:"魏武帝文无长篇,而亦不多,如何学?余初闻而疑之,久乃知其短篇无不具长篇气势,不骈不散,有子长之遗风也。"闿运为钧言:"作人墓志,须叙其生平不得意事,以别于传记。"乃授以所为《刚直彭公墓志》,寥寥短幅,中曰:"然其遭际,世所难堪",果叙其不得意事也。于是文思大进,深悟化繁为简、举重若轻之法,门弟子辑其诗文笺启,为《湘绮楼集》,凡若干卷。而钧则言:"湘绮之文,墓志第一。数千年来,传志不分,变为一体。而湘绮崛起,体格判然,峭妙轻灵,难于踪迹。"闿运为钧言:"汪容甫云:'读书十年,可以不通。''不通'二字,俗人多不能解,非读书有得,又肯虚心者,不肯出此言也。然而难言之矣。汉学始有不通境界;宋学以意断,遂无不可通矣。此境甚高,读经可得。而治文史者则无所谓'不通'。吾未信汪容甫之真能不通也。"宣统元年,巡抚岑春萱以闿运老儒,上所著书,赐翰林院检讨。及革命成功,而袁世凯为临时大总统,以年家子手书聘问,则复曰:"今之弊政在议院,而根由起于学堂。盖椎埋暴戾,不害治安;华士辩言,乃移风俗。其宗旨不过弋名求利,其流极乃至无忌惮。此迂生所以甘跧伏而闭距也。"既而世凯强起为国史馆馆长,以民国三年抵北京。人问:"咸同中兴,先生及见其人物。

今之人才，何如曩日？收拾时局，有其人乎？"闿运沉吟有顷，笑曰："以今视昔，才智殆有过焉。惟昔人做事认真，而今人做事不认真，收拾时局，殆未之信。"寻以龃龉归。而其殁也，以联自挽曰："春秋表仅成，赖有佳儿习诗礼；纵横计不就，空留高咏满江山。"盖不为诗人自居也。其弟子杨度，颇传授心法而得其纵横之术，方以佐袁世凯谋称帝而负世谤，乃挽之曰："旷代圣人才，能以逍遥通世法；平生帝王学，只今颠沛愧师承。"亦以政治家推之。然而同治之末，龙阳易佩绅者，易顺鼎之父也，以郭嵩焘之介而谒闿运，谈学论政极欢。嵩焘则以书诫之曰："君子之学，必远乎流俗，而必不可远道。壬秋力求绝俗而无一不与道忤，往往有甘同流俗之见以畔道者。但论文章，友之可也，师之可也。至于辨人才之优绌，语事理之是非，其言一入，如饮狂药，将使东西迷方，玄黄易色，颠沛蹉失而不可追悔，独奈何反用其言以自求迷乱哉？"则固盛以文章推之矣。

阎镇珩，字季蓉，石门人。喜读书而生长穷谷，书不可得，从友人假得《文选》并注读之，数月皆能记。既而闻邻翁有《史记》，请借，不许，请就其家读之，又不许。而翁所居少薪，镇珩家有山场，请日馈肩薪，乃许之。正珩朝食毕，则荷薪携笔札往读之。且读且写，数月成诵矣。及补县学生，以制举八比之文教授乡里，而推之通经学古。方当王闿运誉满东南，文采焜映之日，而暗然潜修，不骛声气。学本程、朱，文为欧、曾。因文欲以见道，经世必以明礼。途辙所自，推本曾国藩；而文章浩落，不事涂饰，同国藩之宽博，异国藩之茁轧；然亦不为桐城末流之虚声摇曳；直抒欲言，意尽则言止，其意确然，其辞沛然。一时耆旧杨夷珍、郭嵩焘之伦，折辈行与交。而夷珍尤以古文自负，则以女继其室。然古文不为步趋以自名家。夷珍刻炼而笔弩，不免雕饰；镇珩则坦夷而气浩，自然方雅。是时汉学大盛，风流湘楚，人人骛通博以为名高，而耻言程、朱。至于文章，则穷诡极妍，宗尚齐梁。镇珩每诰于门人曰："学无古今，适于用之谓贤。章句烦碎之学，有用乎？无用乎？百余年来，人人嗜奇炫博以倡汉学，自谓度元明而轶宋唐。然彼遭时无事，幸而窃据上位，如纪昀、阮元之徒，果何补于国家乎？自君子论之，貌荣闻而苟富贵，虽谓不有其人，可也。学以穷理为先，其次莫如通识古今之务，诗文抑其末尔。古之君子，学充积于心，其理得，其事该，未尝尽意以为辞，而辞莫善焉。今之学者，炫奇博，骛夸丽，哗世取宠利，而返之其中，无有也。孟子曰：'我善养吾浩然之气。'韩子曰：'本深而末茂。'二语者，非直为文言也，即文不外是矣。盖古之圣贤，未尝有意学为文，其中有所不得已，因事而书之于策，则道为之体，气为之用，道充，故气亦充焉。今之治文者，所得皆古人肤末，一字之奇崛，于文无关轻重，而斤斤然自许为谐古。其道，吾不知焉，其气，吾又不知焉。夫如是，其求孟、韩也愈似，其去孟、韩也愈远矣。且韩子诸碑铭，多仍汉魏雕刻之习，特文中一体尔，于道无与。古人极至之诣，不在是也。若其《原人》《原道》《原毁》《争臣论》《佛骨表》《上张仆射》《答孟尚书书》《送王秀才》《浮屠师文畅序》，其言宽平质直，无有艰苦拘涩之态，读之但觉真气充塞行间，与六经孟子相出入；而其词与其意适，则自荀卿、贾谊、司马迁、刘向、扬雄以来，未有过之者焉。夫所贵乎文者，非独声音采色之极其工，使人不能有加也。其得于中者，有至有不至；其发于外焉，无不肖之以出。凡勉强而伪为之者，皆不肖夫其中者也。故眉山苏氏之论，以为'辞至于能达而文不可胜用'。虽孟、韩之文，要于能达而止，然其所以能达者何在，吾不可不熟思而慎取之也。文至唐季五代，其气苶累而不能举。北宋诸子，矫而振之。其尤显者，庐陵之欧，临川之王，并南丰曾氏而为三焉。大抵浸润六经以出之，而曾氏最为无颣。夫文非可以徒作也，六经言道之祖，诸子时或叛而去之。扬雄、王通，无其道而强饰经言，其貌得，其实丧，学者卒莫之贵焉。曾氏之学，湛深经术，于道粹然，故其发之文者，湛深而精纯，往复而多不尽之致，汪洋自恣，与道大适。其于孟、韩，将殊途而同归也。近世言文者，诋方苞而进胡天游。天游于文初无所得，其外虽张为怪险，而中实寒馁，气塞滞而不流，譬诸画鬼者欺人以所不见，工拙不足论也。方氏渐渍经术者深，不烦涂雕，自然雅洁，粹乎儒者之言。姬传修饬之功，诚自有得于古人，然举唐宋以来宽裕恢博之气象，一变而为促狭，读其文者，如游穷岩绝壑，目隘而心不舒。视方氏未知何如，要其去韩、欧远甚。近代文家，曾文正才力豪纵，恃其骏足，一往奔放，时或轶出法度之外，然未尝与道不相准。盖其辞伟以辩，而其气沛焉能达，古之立言者类如是，宁独孟、韩云尔哉！"曾国藩探源汉之扬、马以学韩愈，力造雄奇瑰伟之境，以矫桐城缓懦之失。而镇珩则取径宋之欧、曾以学韩愈，务为坦荡浩落以出，一洗湘乡苗轧之语；涵蓄宏深，发挥盛大。义宁陈三立治古文有名，而镇珩与言：

"近代作者，最难得优游宽博气象。"三立以为然，曰："愿与吾子共勉之矣。"镇珩推本其意以为骈文，亦不涂泽，不使事，放言落纸，气韵天成。湘乡张伯纯妇何氏能诗，为序其集，有曰："关河晓别，良人万里。"善化瞿鸿禨读之，激赏曰："真六朝人语也。"所作如《漂母祠碑》《吊春申君文》《吊吴越钱武肃王文》《吊罗昭谏文》《屈贾合集序》《游兰亭记》，浮藻既湔，古艳自生。与王闿运同时而不同格，同其散朗，异其弘润，标致不如，而意度过之。盖闿运取径徐陵以出入潘岳、陆衡，而镇珩则脱胎范晔以参随曹植、孔融也。自言："初学唐四杰及李义山，志在流丽而已，往往混入袁吴一派。至作《吊钱武肃王文》，始专为魏晋人体。"诗亦肆意有作，务为优游宽博，盘硬而不入于生涩，疏宕而不落于浅俗，不为曾国藩之生畺排宕以学昌黎、山谷，亦不同王闿运之华藻丽密以追士衡、康乐，只是学杜而得其跌宕昭彰尔。性勤恪，一息不肯以自懈；而受人之托，必为尽心。瞿鸿禨以光绪十九年督浙江学政，延校文。之杭州，舍馆甫定，鸿禨示所取优贡卷，颇不慊镇珩意，即捉笔改首次二名陈生、王生卷，涂乙几尽。鸿禨大服。学政署西有亭曰定香亭，故学政阮元建也。鸿禨新葺而为之记，使人持示，且贻书谓："昔人诗云：'平生风义兼师友'，乞痛绳削，如改诸生之卷，惟恐其不多耳。"镇珩如旨。明日，鸿禨诣谢曰："记劳点窜，惟以阮文达自比，殊愧其僭。"镇珩笑曰："文达非有丰功盛德可比迹古贤，徒以文采风流烜耀一时而已。公以自比，吾犹为公羞之，奈何反疑其僭乎？"鸿禨默然。顾性实乐易，见人一技之善，必广为延誉，如不容口。尝主澧州之渔浦书院，病目已久，而白昼篝灯，据案校诸生课文，劣者，案左，不列等，佳者右而给奖。一生狙伺肘后，见己卷之左也，掣而杂之未阅卷内，寻阅而又左之，再掣之，如是者三。于是搓眼起立大呼曰："此宁科场，吾校文亦有鬼神瞰督耶？"诸生传以为笑，而无不叹其校阅之矢慎矢勤为不可及。湖南学政以"博通古今，孤介绝俗"荐于朝。授官训导，部选缺，不赴。至宣统时，征为礼学馆顾问，亦不起也。独杜户摈人事，发愤著《六典通考》一书，以谓："文墨俗生，往往掎摭汉儒章句，穿凿立异，谓之经学。耳食者因而惊宠之。其实庸猥下材，无足置齿论。夫士当为国家设施耳，区区操简牍，注一经，安足贵乎？尝论古先哲王经世之法，莫善于礼；礼之体用灿备，莫具于《周官》之书。曾子固盛引唐六典以为得《周官》精意，而明太祖因时立政，革中书省，重六尚书之权，几欲复周人设官之旧，相沿至今，遂莫之废。盖六经，圣人经世之书，其言无一不与道俱者也。汉以后诸君，于道或合或离，然即其行事得失，可以推见当时之治乱，而二三坠典遗文赖史家纪载以存者，未尝不与经训相表里，孔子所谓百世可知也。往览秦氏《五礼通考》，伟其通博，亦颇疑其征引丛杂，骈拇枝指，旁见歧出，观者不无惝恍而失所守。且五礼者，于六典仅一端，而不足以赅其全，欲以汇集睹记，别次为书，读史有得，随事著录。积十三年，成《六典通考》，凡二百卷。自以谓于先王之大经大法，究悉原委，薪于匡补杜、马二《通》及秦蕙田《五礼通考》之书，而于世道之治乱兴废有补焉。"昔曾国藩作《圣哲画像记》，谓："先王之道，所以修己治人，经纬万汇者，曰礼而已。辨后世因革之要，而欲周览世之大法，必自杜氏《通典》始。马端临《通考》，杜氏伯仲之间，莫不以礼为兢兢。而秦尚书蕙田遂纂《五礼通考》，举天下古今幽明万事，而一经之以礼。"是则镇珩之学所由本也。于时王闿运才高意广，欲自外于国藩以别开风气；而镇珩严气正性，则推本于国藩以模楷后生。闿运通而门户大，镇珩介而不免固，然不得镇珩之固，无以救闿运之通。闿运啸傲公卿，跌宕文史，以经术为润泽，以文章弋羔雁，声气广通，宕而不反；而镇珩遗外声利，君子暗然，笃实辉光，足以日新其意矣。独居深念，身当叔季，每太息于民生之况瘁，士风之已偷，学术之不纯，而发愤言之，以谓："君子之守身，不可以不正。而其为学也，必造己于广大。智足以周万物，仁足以利无穷，匹夫匹妇，有一不被其泽者，若己推而纳之沟中，宁日淡然而已哉！山林幽默之士，违天而自用，闭门而孤游，彼徒知用贫贱为己乐尔。抑知先忧后乐之君子，其身虽处穷约，而未尝不引天下国家为己任。劳苦变动，而其心益进于光明。盖坚忍之操，夙定于中，则事之卒然外至者，莫能以困我也。故曰：'贫贱忧戚，玉汝于成。'彼流俗之人勿察，顾以其身不自佚乐为君子訾笑焉，岂不谬哉？始罗忠节公为诸生，家窭甚，岁尝聚徒讲授，所言皆古今经世大略，无一语及世俗利禄之学，乡里闻而窃笑，公勿为变。其后军事起，倡率义旅，为国讨贼，功虽未究，而其学术之正，气烈之高，无待余论矣。独其皇皇不自佚乐之心，由布衣以陟台司，未尝一日或异。然非知公生平之深与学道而自有得者，见不逮此。予尝谓今日人心之弊，患在居贫而强效富，无资而好为侈靡。耳目声色之娱，恣欲自快，脱手千金如稊稗；至其昆弟族戚之寒馁者，视之漠

130

然，不啻秦越人之相值焉。夫如是，虽举天下国家畀之，岂能知忧哉？私其乐于一身而已矣。"传有《北岳遗书》二十一卷。郭嵩焘读其文而善之，贻书推挹，以谓："议论沉实，有关世教。而力诋近世言汉学者，上及高邮王氏，要皆实有心得，非以门户争胜。想当施手时，巨刃摩天扬矣。往时孙芝房著《刍论》，推原汉学流弊足以乱天下，曾文正颇以为过。愚尝原《刍论》立言之旨，非谓乱天下者汉学之为也，为其意气之凌厉，闻见之炟赫，尽宋元以来所守程、朱之藩篱而务抉去之。但为规行矩步，屏不得与于学，积成贪戾暴慢之习，夷然不以为非。当乾嘉间创为此名，亦多聪明宏通辩博之士，十年间消磨既尽矣。而其习中于人心，相为波靡，无复廉耻礼义之存，则谓以其学乱天下，非过也。前时此风莫甚江浙，今又渐被湘中，人人排斥程、朱为名高，心有惧焉。甚望得如阁下者相与匡正而维持之。读其书，想见其人，亦邈然深长以思也。"

七、邹代钧　罗正钧

王闿运、阎镇珩肥遁邱园，邹代钧、罗正钧浮沉仕宦，而孜矹所学，上说下教，锲而不舍，终身以之，则固辅世以长民，同归而殊途。乃知进退无恒，非离群也；君子进德修业，欲及时也。

邹代钧，字甄伯，将生，而从大父汉章梦毕秋帆沅相造，故又字沅帆也。新化人。祖汉勋，博学名湖南，尤习州城形势沿革，而代钧濡染家学，尝言："切于经世之用者，莫史家地理若也。"史学地理之学，始于吾无锡顾祖禹《读史方舆纪要》，其后武进李兆洛朱印康熙、乾隆两朝《皇舆一统图》，而墨注古地名其上，起三代两汉魏晋南北朝唐宋元明，为二十图，曰《历代沿革图》，而后中国地域，古今沿革，了如指掌。魏源则私淑于李氏，而颇不慊顾氏之书，以谓："多言取而罕言守，言攻而不言防，乃抢攘策士之谈。"顾左宗棠不谓然，独称顾氏"熟于古今成败之迹、彼此之势"。而潜心玩究其书、手绘其图，以谓："康熙舆图，以测度定地而成。乾隆中，命何侍郎携带仪器，遍历各省而增订焉，是为乾隆内府舆图。欲知往古形势，当先据之以成图，然后辨今之某地，即先朝之某地，又溯而上之以至经史言地之始。以史印图，以图绳史，虽不必尽得实，而失实也亦寡矣。"然而未有成书。代钧则推本家学，而成宗棠之所未成，一以今地为依据，而沟通历代疆域、战争、漕运及江河迁徙等事，肆力探穷。年二十余，补县学生。发箧读祖所著书，负之走千里，谒左宗棠于酒泉军次。乞序而行之。宗棠以参军谋奏保，得官县丞。光绪十一年，贵池刘瑞芬以太常寺卿奉诏出使英吉利、俄罗斯两国，而代钧以两江总督曾国荃之介，得为随员。随员者，例二十人，而代钧得厕十九人之末。顾志节磊落，不以卑官自囿，长图大念，纵观欧亚全势，而陈议："修铁路起东三省，亘蒙古以达新疆，与俄起中亚细亚以横贯西北利亚之铁路并行，而移民殖边，通商惠工，我不视之为瓯脱，俄自不敢起戎心。"又言："高丽介日俄两大之间，势不能自保，而我又无力以相保，狁焉启疆，何国蔑有？不如联东西友邦，公保其国为永久中立，比如欧洲之瑞士、比利时、卢森堡焉。"说瑞芬据以入告，为属草。奏入，留中，十九人者目笑存之，而代钧心独忧之，叹

曰:"吾谋适不用,异日必有噬脐之悔,何嗟及矣!"英人争哲
孟雄为印属小国,总理衙门以咨瑞芬。瑞芬集随员议,相顾莫发
一言。代钧独侃侃而陈,谓:"哲属西藏,非印度属也。"援古
证今,退而具议以献。顾瑞芬素倚任记室方某,召而示之,方厉
声曰:"书生泥古,而昧于时务,何知大计?我天朝泱泱大国,
岂在此七十里之小部落哉?英之所欲,不如与之以为好焉。"参
赞马格里者,英人也,顾折之曰:"邹君,舆地家也,其说凿凿
有据,苟以译复英外部,何必不得当也?"方乃蓄缩,而瑞芬从
之。英外部果无辞,照租借例定议。自是交涉无不咨谋,而意气
稍稍发舒矣。暇则究心地学。一日闭户,潜推度里相差之所以而
憬然有悟,谓:"以尺量地,尺有差,地亦随之而差。以地定
尺,地有准,尺亦随之而准。以地定尺,是谓迈特,迈特者,法
兰西之尺度名也。一迈特为四千万分地周子午圈之一,以吾华一
尺与迈特比,为一万二千九百六十万分与四千万分之比,华之一
尺,适等于百万分迈特之三十万又八千六百四十二。"遂以此
率制中国舆地尺,而图绘乃有准绳。期满回国,叙劳报知县。
时清廷方开馆续修《会典》,代钧上书五千言,言测绘地图,
其要有三:一曰测天度,二曰测地面,三曰依率成图。立说周
详,后来测绘者以为楷式。西士傅兰雅读之心折。而其论测天
度,原本经术,熔冶欧法,尤发前人所未发,而阐扬家学。先是
魏源之著《书古微》也,乃祖汉勋尝为绘《唐虞天象总图》,
次璇玑内外之图,次玉衡三建,皆建北方定子位,分平旦、夜
半、初昏及中星、用事分绘各图,而言:"善言地者必合于天。
地之合于天者,惟北极高度与东西偏度为最著。地图而不合天

度，势必少准而多差。"代钧盖推本其说而上征于《周官》，以谓："地体浑圆，其南北二点，正当天空之南北两极，其中腰大圈，亦与天空赤道相当。如人在北极下，则以北极为天顶。人渐向南行，见北极渐低，至赤道，则北极与天平合。南极亦然，是地之南北不同，则北极出地之高低必异也。东地之日出入，早于西地之日出入。周三百六十度，与天周相应，每度六十分，都为二万一千六百分。日历周天为昼夜，分二十四小时，时六十分，都为一千四百四十分。故时之一分，等于度之十五分。四分时等于一度。此地在彼地之东一度，则此地之日出入早于彼地之日出入四分时。是地之东西不同，则日出入之迟早必异也。而测天度者，必先定午线，如京师之有中线，英吉利之格林回次，法兰西之巴黎，昔年西图所用之福岛，皆是也。《考工记》曰：'匠人建国，水地以县，置槷以县，视以景，为规识日出之景与日入之景，昼参诸日中之景，夜考之极星。'按此言匠人建国而于夏至日定其国之午线也。'水地'，言以水平地，如西人之用瓶水准。'县'，垂线也。言地平者，必使地与垂线成直角。'槷'，表臬也，植表臬使正如垂线而视其景也。日出之景与日入之景必等长，虑所识景端或不确，乃任以一景之长为半景，臬底为中心，展规为平圆，两景端均交圆边，则为密合，是为规识日出入之景也。复折两景端间圆边为点，向臬底作直线，即为午线之向，郑注'度两交之间中屈之指臬，则南北正'，是也。又日中之景为长短，必与所作午线合，复以日中之景参之'极''星'。近北极之句陈星，即《尧典》之'璇玑'，'璇'，旋假借；'玑'，极也。言句陈为旋绕北极最近之星也。'星'，即《尧典》之'玉衡'、《尔雅》之'斗极'，晋以后天文志所名'黄道极'者是也。夜观句陈玉衡为直垂线，则赤道与黄极相当，又与所画午线合，则午线合，是'夜考之极星'也。大司徒以土圭之法测土深，正日景。'土深'，指南北；'日景'，指东西。夏至昼漏中，日南景短，是地在南近日，故土圭之景短也。日北景长，是地在北远日，故土圭之景长也。此定南北纬度之理也。日东景夕，是地在东，日过其国之午线时，东地之景已夕。日西景朝，是地在西，日过其国之午线时，西地之景方朝。此定东西经度之理也。西人定其国之午线，亦用匠人之法，而参以指南针，除电磁差，安子午差使极隐以窥日星之过午。其随处测经纬度，则自日晷将午，至日晷过午，用纪限仪或经纬仪屡测太阳高弧，取其最高处为本处太阳过午线距地平高度，亦即本处天顶度；以与本日太阳赤纬南北加减，即得本处北极出地之度。于是先以极准时表，如太阳过其午线之午正开准，行至本处，即测得午正，以与时表较迟早，差若干时分；化度，即知本处在其国之东西若干度分。但一测午正，而地之东西南北皆定。古今中外，若合符节。善言地者必合于天，是不可不先务也。"总裁王大臣善其议，奏充会典馆纂修。湖广总督张之洞电调主修湖北全省地图，以兼会典馆差，奏得旨俞允。图成，而系之以说，有曰："武昌、荆州、襄阳，同为湖北重镇。然荆扼江而不能扼汉，襄扼汉而不能扼江，武昌江汉之会，可以制东西之命，可以交南北之冲，非特吴楚所凭陵，实为四方之辐辏。观此则知所轻重矣。"之洞以为卓识伟略，殆过顾祖禹云。代钧好谈兵谋，而于东南海防，西北边情，指陈凿凿。中日战起，我师屡败，而代钧陈说当道为持久之计，而无侥幸于一胜，以谓："宜分全国为五镇，更进迭战，而屯重兵于京津以为中权，以偏师游徽辽阳、牛庄、海盖等战地，彼强而我后退，彼进则我旁挠。孤不羞走，只与之戏，亟肄以疲之多方以误之，未必非以弱制强，转败为胜之道。"又议合南北洋闽广师船哨巡海上，截日人之运输以阻其继械继师，所以措置甚备。书累数万言而莫之省，割地纳币而请盟焉；饮恨而已。于是德宗惩于前败，欲以变法自强，而诏开经济特科。张之洞及湖南巡抚陈宝箴、广东学政张百熙、礼部侍郎曾广銮，皆以代钧名上，坚谢不应也。既而拳乱起于北方，八国联军入京，而迫清廷为城下之盟；于是清廷以维新为媚外，而首兴学，诏以张百熙为管学大臣。于是奏起代钧充编书局总纂兼学务处提调官，实为光绪二十八年。其明年，充《钦定书经图说》纂修兼校对官。书成，擢分省补用直隶州知州。既而百熙奉诏筹设学部，代钧上书言："当此新旧交接之际，大惧新知未浚，旧学先亡。当以旧学为体，新学为用；庶无奇邪偏宕之弊。学部之设，当以干涉各省学务为主义。所谓干涉者，非徒文书往来之谓，一乡一村无学堂，学部之责也，一男一女不知学，学部之责也。"及学部成立，补员外郎，迁参事厅行走，咸以病辞。及三十四年，将以提学山东。旨未下，而代钧遽以寝疾，殁于武昌舆地学会。先是代钧之随使英伦也，购英、法各国所刊地图，满载以归。义宁陈三立、钱唐汪康年、达县吴德潇，皆年少气锐，而骛经世之学。代钧告之曰："英国兵部海部之舆图学，开办至今二百余年，未尝或辍。是知彼之雄长五洲，于地理固研求有素焉。朝廷万几勿遑，吾草莽臣且为之。"

三人者力赞其议。遂创舆地学会，虽往来湘汉，于役四方，而图局常以自随，综绘中外舆图七百余幅，而译绘西人地图，原本比例，有用英法俄尺者，悉据中国舆地尺改归一律，无论何国何地，按图可得中国里数分率之准，五千年来未有也。族子永煊、永良、永修，咸传其学。而舆地学会之开，则永煊、永良赞襄之力为多焉。首出亚洲样图，即永良手绘也。永良，字易卿，尝佐代钧从测绘湖北全省地图，纂有《测绘综要》四卷，而叙以发其指曰："地图之制，不外测绘两端，而算术者，测法之原，测法者，绘事之原。其事不难，其理甚明，乃矜奇秘巧者笔之于书，而于测绘中之层累曲折，必故艰深其辞，以苦人探索，发挥寡而其辞晦，议论微而其意晦，以为不如是，则人不服予术之精深也。于是深者浅之，晦者显之，繁者简之，缺者增之。首算法，次测法，次绘法，次释器，条贯分明，不分中术西术，蕲于易知易能，而其中有用旧说者，有用其理而易浅说者，有合数说而成者，有分其说而散见者，间有窃附己意者，语多因袭，不害共晓而已。"以光绪三十二年先代钧死。代钧叹曰："吾失一臂矣！"及代钧之死，而舆地学会随解。所有地图之底本，制图之器械，盖学部购之以去而不知所用焉。永煊惧家学之渐以坠也，起而继之，开地学社于武昌，曰"亚新"，而永修实赞之。永修，字觉人。永煊，字焕庭。及永煊死，而子兴巨能缵其业。兴巨字伯庚，其父永煊出版之图，殆三十种，而兴巨随时调查，随事更正，事为之表，省为之说也。既以继志述事，而出版益夥，以永修宗老，奉手请益，而永修必发凡起例以为之序。其序河南道县图，以谓："顾宛溪论河南形势，有曰：'宛（南阳）不如洛（洛阳），洛不如邺（安阳）'，独不数汴梁，以其无险之可守也。夫闭关之世利于阻，开港之世利于通，地险不足凭，人险足以持之。铁路可以凿空，电信可以调兵，故山川丘陵，能限人于汽机未发明以前，不能限人于既发明以后。河南自黄河北徙，而患息于东，铁路中交，京汉通于南北，汴洛贯乎东西，周郿道清，胥足佐军转饷。江淮米粟，既实廒仓，燕赵劲师，崇朝渡河。古今异形，夷险异势，使顾氏生于今日，必下转语曰：'邺不如梁。'"酌古斟今而不为墨守，信为发顾祖禹所未发云！兴巨死，而子新垓缵其业，胚胎前光，不懈益修，祖父子孙，继继承承，邹氏舆地之学，于是过五世矣。清季以来，前后出版舆图殆三百种，而系说装册者十之三焉。余特仿《太史公书·孔子世家》《老子列传》之例，著其继世，以明家学。而自新垓以溯代钧，则曾大父行也。代钧一生孜矻，而未尝萦情禄仕。尝主讲两湖书院、京师大学堂，以所学传授弟子。而所纂述，舆图以外，有《西征纪程》四卷、《光绪湖北地记》二十四卷、《直隶水道记》二卷、《中国海岸记》四卷、《会城道里记》二卷、《中俄界记》三卷、《蒙古地记》二卷、《日本地记》四卷、《朝鲜地记》二卷、《安南、缅甸、暹罗、印度、阿富汗、俾路芝六国地记》八卷、《五洲城镇表》一卷、《五洲疆域汇编》三十一卷、《西图译略》十二卷、《文存》四卷、《诗存》一卷。

罗正钧，字顺循，号劬庵，晚号石潭山农，为湘潭人。少贫劬苦，读王夫之书，慨然想慕其人，镌一印曰"船山私淑弟子"，而罔罗旧闻，补辑仪征刘毓崧《船山年谱》二卷，《船山师友记》十七卷以寄意。及年逾弱冠，负笈长沙之岳麓书院，师郭嵩焘而友湘乡杜俞元穆。俞才气无双，而正钧亦好议论，务陵侪辈出其上，顾二人者，相好也。俞方读书其邑之东山，因得尽识其同学黄煦海霞、朱应庚恢元、陈瀚子瀞、曾希文仙亭、张通典伯纯诸人，所谓"东山十子"者也，志意纵横而诗歌唱答，每有会也，篇什争出，互赞交诵，旁若无人。正钧独不能诗，默坐以听，而十子者亦置之不屑意。每发论曰："往者湘乡曾、罗、左、李诸公以忠义倡动乡里，遂平剧寇，其为学具有本末，而未尝喜言诗。言诗者，湘乡之衰也。"然而十子者不以正钧言为忤。正钧举光绪十二年乡试，受聘为醴陵渌口书院山长，而左宗棠先主讲焉，尝依朱子小学为学规八则，董课甚严，其后无踵行者，而业亦堕。至正钧踵修坠绪，士习丕变。三试礼部不第，而刻厉于学，景行乡贤，以为必可企而及。读其遗书，而为之年谱，欲以推见志事，为例尤精。每言："刘毓崧《船山年谱》，虽不免疏舛，然其据遗书以谱生平，经纬往复，条贯而详核，非深具苦心者不能有也。"于是推本其体以成《王壮武公年谱》二卷、《左文襄公年谱》十卷。武强贺涛，尝受古文于桐城吴汝纶，而世之号称知言者也，尤喜诵说《左文襄公年谱》，叹曰："昔赵充国平西羌，言兵事利害及屯田诸奏，翔实矜慎，一洗贾、晁浮夸之习，于汉文中为最知体要。班氏论次其传，一即仿效之，而其文乃与充国诸奏无异。文襄勋伐大于充国，而谋略则同。其筹画之见于章奏书牍，《年谱》既备采之，挈大拾零，捃摭遗佚，至繁博矣；而融以精意，经纬成章，洪赡坚重，一如《年谱》所载文襄之文。'惟其有之，是以似之'，罗君之谓矣。"邹代钧驰心域外以究方舆，而正钧景行乡贤以治年谱，宏识孤怀，骈绝当代。侍郎廖寿恒以人才荐，诏用知县发直隶，试署抚宁。县瘠而民习为盗，士不知学，正钧之莅官也，则捐廉俸购书数千卷，置骊城书院，时诣讲课以劝学。而编保甲，捕斩大盗陈国魁、韩振铎等数人以靖盗。先是义宁陈三立为正钧论：知县一官当以听讼为教养，谓"判决公而民知是非，所以为教。判决勤而民免拖累，所以为养"也。正钧心识其言。至是定旬之三六九为堂期，亲自收呈，出批未尝逾三日，皆出亲笔，有虚诬者，必抉其情实乃已，往往一批而讼以息。有传案者，计道里远近为期，一到即审，非两造输服，不下判词，尤出以澄心审量，而邑大治。寻移定兴，而拳匪起。其原起于莠民习教以怙势，悍民习拳以抗教。而正钧折狱以情，治狱以平，教民无所怙恃，教士不得关说。顾邑民之习拳者，拳坛星布，拳足蜂屯，相为构扇，欲阑入；而正钧驰谕立散，罗拜跪送，呼"定兴好县官，勿犯也"。及返城，而邑绅鹿学尊迎谓曰："今日真可谓黄巾罗拜郑康成矣。"然大府熟视莫为之所，而朝议祖拳，声生势张，渐不可制。而正钧请剿，久不报；请代，廑得归，而京师陷，拳匪亦燢，时为光绪二十六年。朝局更新，大臣交章论荐，宜加擢用。诏赴部引见。湖南巡抚俞廉三奏留本省兴学练兵，而以二十八年派赴日本观操，因考察学制。返报，而请派学生赴日习专科之学，湖南之派留学生自此始。二十九年，直隶总督袁世凯奏立学校司，电调办学。正钧上言："教育贵普及，而以中小学堂为本；然必先造就师资，而后中小学能刻期举办。"中国之有师范学堂，自直隶始，而直隶之办师范学堂，其议发自正钧。

遂以学校司提调派充师范学堂总办，而招师范生六百人，分速成、完全两科，是为直隶创设师范学堂之始。明年，速成科毕业，派充小学教员，县各一人，是为全省各县创设小学堂之始。而部檄补授邢台县，世凯以兴学方始，而难其代，请改署清苑首县，仍兼办学。又三年，而师范完全科毕业，派充各府州中学教员，是为各府州创设中学之始。自创设师范学堂，日就月将，四年而全省之中小学堂如期成立。风声所播，于是山东、河南两省人士，胥以直隶办学，知所先后，程效最速，可为法式，请选派俊秀，附学师范，以资观摩而开风气，则正钧之以也。王闿运以今文开蜀学，而正钧树北学之规模，君子因机立教，予将以斯道觉斯民也，泽之所及者广矣，何必以私于里子弟哉！袁世凯奏请破格任用。三十三年四月，以保升直隶州知州，特授天津府知府，调署保定府，兼管全省学务，学部奏充二等谘议官。明年六月，以道员用，署山东提学使。时山东全省，仅省垣有师范学堂、高等学堂各一，而图书阙，规制简。正钧即以施之直隶而有效者，首从整饬师范学堂入手，厘订课程，礼延良师，而严定州县办学考成，法立令行。越二年为宣统元年，而自省垣以及各府州县之中小学堂，次第成立，一如直隶。然部定奖励，纳科举于学校，其士之入学者，既志在得官，而师之为教者，亦以为速化，而不知道问学而尊德性，先器识而后文艺，学校愈推广，风气愈窳敝。正钧愨然曰："此班孟坚所谓禄利之途然也，岂国家所以敬教劝学、化民成俗之意？惟读书可以变化气质；抑读书何限庠序诸生。"于是广购图书，以创办山东图书馆。而日本人有购运嘉祥、肥城诸县汉画像十石以过济南者，正钧叹曰："吾国艺人之瑰宝，何可为外人有！"截留不许出境，而创设山东金石保存所以附图书馆内，曰："士子摩挲古物，亦以发思古之幽情也。山左画像石最夥，山崖墟莽，往往有之，而武梁祠画像盛传于世，然黑文凸起，体貌朴拙。余获金乡汉扶沟侯朱鲔墓画像石以置金石保存所，朱文古劲，独为精绝。往者诸暨陈章侯画人物，躯干伟岸，而衣折如铁画银钩，瘦硬通神，见者称其兼有公麟、子昂之长，而章侯则自谓得之汉画，人以为大言诞诬。今观朱墓画像，而后叹章侯之言为有征也。"以宣统二年九月引疾归。归一年而革命成功，袁世凯为临时大总统，起正钧为经界局会办，再电不应，而使至，亦不见。搜采一时臣僚之殉清以死者，得百数十人，成《辛亥殉节录》六卷以寄怀云。正钧熟当朝掌故，尚气好谈兵，侃侃自将，多忤而少与；然所交契，如同县赵启霖芷荪、郭承锽伯庚、黄笃恂涤君、长沙左调元长卿、黔阳黄忠浩泽生、义宁陈三立伯严，及湘乡杜俞之伦，皆志节磊落之士。其中赵启霖，名御史也；黄忠浩，名将也；陈三立，名公子也；杜俞，名监司也。而郭承锽、黄笃恂、左调元三人者，困诸生不得出，无乡曲之誉。声闻显晦不同，而正钧久而敬之，盖无不同。三立则以正钧扬榷古今，议论务为激发，而诤之曰："以此承王先生遗老孤愤之流弊，其极也，将以党同门、妒道真。"正钧亦自笑也。顾正钧独称推郭承锽、黄笃恂及左调元为人，如不容口，以励儒行。

左调元者，家贫，居长沙城北一破屋，客至，坐门槛，商榷古今，至日旰不能设茗，薄暮则持一布囊，徐行入市，购米盐鱼肉以归奉母，意有欲，无不致也。为诸生数十年，憔悴专一，无当世名，而志在天下。颇嫉世衰政窳，不务推本仁义，每太息言之，以谓："天生民而立之君，所以养民之生，而非徒为奉己以自尊也。孔子于三代之君，独推禹无间然，而其所称，'菲饮食''恶衣服''卑宫室'三者而已。此则仁圣之同趣，治天下之要道也。"通《论语》、三《礼》，不为章句。或劝以著书，答曰："学务心知而已。后世著书之士，探索临时，久之已亦忘之矣。吾不为也。"

郭承锟者，少孤好学，闻湖北有章先生者，讲学山中，附舟造访，而途遇盗，刃伤数人，诸客惶怖乞命，承锟危坐大声以斥，盗不测所以，相惊引去。已从章先生受邵雍书，归而逾益精通，独处一室，如对严命。行事造次，必准前儒，人大姗笑之。及察其行己，久而益卓，转相钦叹。刘锦棠以通政使督师新疆，闻其名，走书币速驾。锦棠久将威重，幕府数十人，长跪白事，而承锟自以布衣为宾客，相见一揖，同幕侧目，以为慢也。意不自得，则日闭户著书；倦则匹马独出，冒大风雪，射猎天山，而赋长歌以摅怀云。始承锟家居贫甚，当授徒给衣食，而以不习制举文，无相延者。乃日具粥饭奉母，而身与其妻食糠秕，恒经月不粒食，其自厉如此。然志意广大，欲通一经以整齐百家。始治《春秋》，未卒业，见方苞书，与己说无殊异，乃弃去治《易》，著书曰《周易观象》。既至新疆，陕西有李生者，抱其父所著《易》，走千里造谒军中，言曰："吾父且死，属若干岁后，南方有郭君者至，可以畀矣。君岂其人耶？"承锟阅书名乃与己同，大异之，而益喜自负。于是为缮写其书以刊，而更名己书曰《周易经传解》，苦思力索，每下一义，屡岁始定；而自新疆归，未尽一月，毕上下《经》《大象》，自诧为有神助焉。

　　黄笃恂者，博观书传，而修洁有精识，尝以春秋士大夫达于治术而有文采，后世能兼之者，独贾谊、苏轼，慨然慕其为人。兄弟八人，咸有才器，而笃恂次居仲，褒衣博带，相与提衡今古，以为古昔圣贤言治备矣，而立国日益贫弱，乃综览中西之书，斟酌百家之说，著为论曰："近古无百年之治者。近古之为治，无以禹墨为体，周孔为用者也。言夫其必以禹墨者，以其贵俭兼爱也；必以周孔者，以其敦礼明教也。由禹墨之道而不用周孔，则其弊也质胜文，所谓'见俭之利而因以非礼'，'推兼爱之道而不别亲疏'；由周孔之道而不别禹墨，则其弊也文胜质，所谓'博而寡要，劳而少功'。盖禹墨者，不敢一息弛其形；周孔者，不敢一息纵其心。不弛其形，不纵其心，庶政以修，百度以贞，而天下不治，治而不长久者，未之有也。弛其形，纵其心，上乐其欲，下同其风，纪纲废弛，内外交讧，而多其术以求富强，卒之富强不可治，而国愈困，民愈贫，儳焉不可终日矣。"又言："为学之道，先之以绝流俗之心，次之以集义，终之以成务。"高瞻远瞩，而最早死，年二十二，士论惜之。

　　三人者，皆屏迹闾巷，声光暗然，而左调元、郭承锐，尤穷窭不自活，正钧独喜诵说其言，以谓"岩穴之士，趋舍有时。王夫之著书，综贯天人，而遁世无闷，经二百余年，其书始出，而能读之者亦几人哉？太史公曰：'士欲砥名立节，非附青云之士，恶能声施后世？'抑亦志士仁人之所悲也。若左调元、郭承锐之属，其学行固皆有可称"。

　　正钧有《劬庵文稿》四卷、《诗稿》二卷、《官书拾存》

四卷。

八、谭嗣同　蔡锷　章士钊

世穷欲变，当王为贵。谭嗣同、章士钊文章经国；蔡锷将略盖世。文武殊途，成败异变，而无不运会维新，志欲匡时。谭嗣同明于死生之故，变法不成，而杀身以殉所信。蔡锷力张军国之策，所投非主，而反兵以声大义。章士钊欲权新旧之宜，与时相劘，而丛诟以将没齿。呜呼！君子之道，或出或处，或默或语。苏轼不云乎："非才之难，所以自用者实难。"其中是非毁誉之故，亦监观得失之林也。吾于谭嗣同，而得处死之决焉；吾于蔡锷，而明择主之谊焉；吾于章士钊，而知用晦之道焉。遂以终于篇。

谭嗣同，字复生，浏阳人。父继洵，光绪初，以进士官户部员外郎，外擢甘肃巩秦阶道。历甘肃布政使，升任湖北巡抚。三子，嗣同次三。其乡人欧阳中鹄以举人会试留京，而继洵延馆其家，使受业焉。倜傥能文。自言："少为桐城，刻意规之，出而识当世淹博之士，稍稍自恶。由是上溯秦汉，下循六朝，始悟心好沉博绝丽之文，子云所以独辽远也。昔侯方域少好骈文，壮而悔之以名其堂。嗣同亦既壮，所悔乃在此不在彼。而所谓骈文，非排偶之谓，气息之谓也。子云抑有言：'雕虫篆刻，壮夫不为。'处中外虎争，文无所用之日，丁盛衰互纽，膂力方刚之年，行并所悔者矣。"于是改字壮飞。弱娴技击，长弄弧矢。其父之官甘肃巩秦阶道，而嗣同往省。尝于隆冬朔雪，挟一骑兵，七昼夜驰一千六百里，岩谷阻深无人烟，载饥载渴。比达，髀肉尽脱，濡裤血殷，见者目不忍视，而嗣同神色洋洋。乃父所部防军，设酒馔，鼓吹陈百戏以相宴享，嗣同不喜也。独出驰生马，走山谷中，遇西北风作，沙石击人面如中弩，而嗣同不顾，臂鹰弯弓，从百十健儿，大呼驰疾，争先逐猛兽。夜则支幕沙上，椎髻箕踞，掬黄羊血，杂雪而咽，拨琵琶引吭歌秦腔，欢呼达旦。既而出玉门关，谒新疆巡抚刘锦棠。于时方为驰骋不羁之文，讲南宋永康之学，抵掌而谈，奇策纷纭。自以究天之奥，握霸王之略也。自是往来于直隶、河南、陕西、甘肃、湖南、湖北、江苏、安徽、浙江、台湾等省，咨风土，结豪杰。而其父之巡抚湖北也，嗣同时以便道省视，因揽其山川形胜。一日，循视罗泽南洪山故垒，怃然有间，曰："此绝地也。武昌处江汉之冲，江水南来，掠城西而北，折而东，汉水自西来会，湖陂溪泽，左右萦带。惟道洪山而东，陆路达咸宁、通山，以联湖南、江西之势，而为武昌之吭背。而逼城以峙，俯瞰则环城百里一览尽。昔洪秀全踞武昌，而罗忠节公驻军于此，然利于主而不利为客。盖山蜿蜒一线夹两水间，而无冈阜以为屏辅，使城贼潜军断其后，则援军阻水，而不战成擒矣。幸胡文忠公先据金口，而罗公既得洪山，益南攻贼垒以自达金口军；于是犄角之势成，而武昌以南皆非贼有矣。然论武昌于今日，又非天下所必重。古之重武昌者，以其挈长江之要领也。今则中外互市，轮舟上下，而长江尽失其险。故武昌，譬则斗也，而其柄不在此。亦欲操其柄以斟酌海内，挹注八荒，必先以河南、陕西、四川、云贵、湖南、江西为根本，而以武昌为门户，合势并力以临驭长江之下流，然后东北诸行省恃以益重。嗟乎，古今之变亦已亟矣！余谓毋遽求其变也，先立天下之不变者，乃可以定天下之变尔。"先是罗泽南率厉乡人以起湘勇，曾国藩、左宗棠因之，削平东南，威殚旁达，南至于海，西极天山。而湘中子弟睹父兄之成功，欲袭故迹以奋起功名。顾嗣同悄然叹曰："湘军其衰矣。狃于积胜之势，士乃嚣然喜言兵事，人颇牧而冢孙吴，其朴拙坚苦之概，习俗沾溉，且日以趋于薄。读圣人书而芜其本图，以杀人为学，是何不仁之甚者乎！"既而走京师，谒乡先辈刘人熙而问业焉。始识永康之浅中弱植，俶闻张载之深思果力，而发之以王夫之之精义，幡然改图。于是著《张子正蒙参两篇补注》。道之大原出于天也，王志，私淑船山之意也。乃进而求之六经，而欲以礼立体，以《易》观通，及治《春秋》以说例，一折衷于礼，而推本诸《易》以究天人古今之变，以谓"大《易》观象，变动不居，四象相宣，匪用其故。天以新为运，人以新为生，汤以日新为三省，孔以日新为盛德。方其机已勃兴于后，乃其情犹执滞于前，何异鸿鹄翔于万仞，而罗者视乎薮泽？则势常处于不及矣。智名勇功，儒者勿重，不必其卑狭也。方其事之终成，即其害之始伏。何异日夜相代乎前，而藏舟自谓已固，则患且发于无方矣。此皆不新故也。早岁之盛强，晚岁必臻衰老；今日之神奇，明日即化朽腐。道限之以无穷，学造之以不已，庸讵有一例之可概、一德之可得乎？常怪'善'岂一而已，择之何云'固执'。俯仰寻思，因知固执乎此，将以更择乎彼。不能守者，固不足以言战；不能进者，抑岂能常保不退耶？嗣同之纷扰，殆坐欲新而卒不能新，其故由性急而又不乐小成。

不乐小成,是其所长;性急,是其所短。性急,则欲速躐等,岂
能深造而自有得?不得已,又顾而之他;又无所得,则又他;且
失且徙,益徙益失。此其弊在不循其序,所以自纷自扰而无底止
也。夫不已者,日新之本体;循序者,日新之实用。颇思以循序
自救,而以日进于不已。不已,则必不主故常而日新矣"。遂在
浏阳设一学会。适南海康有为倡强学会于京师,多士风动。嗣同
千里造谒,而有为归广东,不得见,见其弟子新会梁启超,则导
扬师说,而为述有为所发明《易》《春秋》之微言,穷《春秋》
三世之义,阐《礼运》大同之治,而体《易》乾元统天之精,
与嗣同平日所诵习契机,而益闻所未闻,则大感愤而欲措见诸行
事。以父命就官知府,候补金陵。而石埭杨文会亦需次焉,博览
佛典;嗣同时时往从之游,明心见性,而以反求诸己,自谓"作
吏一年,无异入山"。闻华严性海之说,而悟世界无量,现身无
量,无人无我,无去无住,无垢无净。舍度外人更无自度之理。
闻相宗识浪之说,而悟众生根器无量,故说法无量,种种差别,
圆性无碍。深造而有得,豁然贯通,能汇万法为一,能衍一法为
万,无所罣碍,而以佛理印《易》理,以佛说"慈悲"证孔子言
"仁"。佛说"悲智双修"与孔子"必仁且智"之义,如两爪
之相印。惟智也,故知即世间,即出世间,无所谓净土。即人即
我,无所谓众生。世界之外无净土,众生之外无我,故惟有舍身
以救众生。佛说:"我不入地狱,谁入地狱?"孔子曰:"吾非
斯人之徒与而谁与?"故即"智"即"仁"焉。即思救众生矣,
则必有救之之条理,故孔子治《春秋》,为大同小康之制,千条
万绪,皆为世界也,为众生也。因众生根器,各各不同,故说法

不同，而实法无不同也。既无净土矣，既无我矣，则无所希恋，无所挂碍，无所恐怖。夫净土与我且不爱矣，更何利害、毁誉、苦乐之可以动其心乎？故孔子言"不忧""不惑""不惧"，佛言"大无畏"，盖即"仁"即"智"即"勇"焉。通乎此者，则游行自在，可以出生，可以入死，可以仁，可以度众生。于是观孔佛之会通，条而贯之，而傅以康有为《春秋》三世之义，《礼运》大同之说，以成《仁学》一书，而人我之阂以祛，死生之故以明，而任事之勇猛亦精进。呜呼，此所以舍命不渝，而能视死如归也！义宁陈宝箴方为湖南巡抚，其子三立辅之，慨然以湖南维新为己任。而嘉应黄遵宪为湖南按察使，宛平徐仁铸为湖南学政，以光绪二十三年先后到任，志同道合。前学政元和江标留而未去，力赞其谋。于是湘乡蒋德钧以四川龙安府知府任满赴部引见，措资回湘，凤凰熊希龄以翰林院庶吉士在籍，相与应和，欲纠湘中志士并力经营以为东南倡。德钧之知龙安府也，循良著绩，一致力于社仓、义学、保甲。约旨卑思，精心实践。而缉盗务获其魁，听讼必求其情。日坐大堂，躬收讼牒，旁批眉注，以示两造，无不情得，然后下判。在任九年，讯结万余起，好事者为弹词流传武昌。张之洞见而叹曰："知府一官虚设久矣，得此君起而张之。"属门人杨锐通书致殷勤。答曰："愿为饮冰茹蘖之劳臣，不为肠肥脑满之达官。"硁硁自守，亦磊落奇士也。至是宝箴奏请德钧以道员留省主时务学堂，而德钧则赴天津挟梁启超以归主讲席。黔阳黄忠浩自武昌归以主练新军，为统领。而嗣同则自金陵归以主南学会，为学长。南学会者，将以合东南各省士绅为一大朋，相与讲爱国之理，求救亡之法，而先从湖南省一省办起。以谓"策中国者必曰兴民权，而民权非可以旦夕而成也。欲兴民权，必先兴绅权以辅官治。欲兴绅权，尤必兴学会以开绅智。权者，生于智者也。唐宋以来，官必异籍，专制一切。而民之视地方公事，如秦越人之视肥瘠矣。今欲更新百度，必自通上下之情始。而绅士者，所以绾官民之枢，欲用绅士，必先教绅士。教之惟何？惟一归于学会而已"。顾学会也，而兼有地方议会之用。省有大事，必以谘议。先由巡抚聘选绅士十人为总会长，继由此十人各举所知展转汲用以为会员。每州每县必有会员三人至十人。会中每七日必演说一次。陈宝箴、徐仁铸、黄遵宪必率属官莅听。而嗣同为学长，主演说，慷慨论天下事，听者感耸。虽以召闹取怒，新旧互哄，而风声所播，各府州县私立学校纷纷成立。湖南新机勃发不可遏，则南学会之以也。时德宗锐意维新，而用事大臣不便。御史杨深秀言："国事不定，则人心不知所向，如泛舟中流而不知所济。"而翰林院侍读学士徐致靖亦上疏请定国是。于是德宗以二十四年四月二十三日下诏誓改革。二十八日，召见康有为，命在总理衙门章京上行走，许专折奏事。徐致靖以子仁铸之言荐嗣同，召对称旨。而德宗用有为言，以七月二十日下诏显擢内阁候补侍读杨锐、刑部候补主事刘光第、内阁候补中书林旭及嗣同四人，著赏四品卿衔，在军机章京上行走，参预新政事宜。废八股，开学堂，汰冗员，广言路，凡百设施，不循故常。然杨锐骤用事，颇受馈遗，袍料狐桶，望门投止。而宦京朝久，深知宫庭水火，而势之不能以无虞也。会张之洞生日，其子在京设筵宴门生故吏，而锐举酒不能饮。座客问故，徐曰："今上变法，太后意有忤。吾属参枢要，死无日矣。"至二十九日而锐召对，赐密谕，谓："朕位几不免，汝康有为、杨锐、林旭、谭嗣同、刘光第等，速筹相救。"锐出传示，即所谓"衣带诏"者，相顾莫知所为计。而五人者，惟嗣同卓厉敢死有知略。于是说帝以八月初一日召见武卫军统领直隶按察使袁世凯，好言抚之擢兵部侍郎，专办练兵事务。而嗣同夜造世凯，出衣带诏示之曰："天下健者推公，若勒兵以清君侧、肃宫庭，指挥若定，不世之业也。"且以手自抚其颈曰："苟不欲者，请杀仆。"世凯正色曰："君以袁某何如人哉！"顾以隶荣禄久，心惮之，不即发也。荣禄则微有闻，驰使询。世凯猝不得隐，则以归诚于荣禄。荣禄者，太后之母族也，以大学士出为直隶总督而柄兵居外，所部武卫军，分隶提督董福祥、聂士成及世凯。即闻世凯之言，而以告太后，太后怒。而德宗知事急，又以初五日召见世凯。世凯出语人曰："皇上责我以练兵，敢不奉召，他非我所知也。"顾林旭自始不以用世凯为然，以小诗代简示嗣同曰："伏蒲泣血知何用，慷慨几曾报主恩。愿为公歌千里草，本初健者莫轻言。""千里草"影董字，"本初"影袁姓。盖谓用袁世凯，不如用董福祥也。明日，梁启超方造嗣同，有所议，而太后垂帘训政，抄捕康有为南海馆之报至。嗣同从容语曰："吾惟一死以报知己，君盍入日本使馆，谒伊藤氏以营救康先生？"启超则以是夕宿日本使馆，而嗣同杜门以待，捕者不至。则以次日之晨访启超，劝东游。日使从旁讽曰："不如君偕。"嗣同不可，再三强之。嗣同曰："各国变法，无不流血。今中国未有以变法而流血者，此国之所以不竞也。有之，请自嗣同始！"因顾启超曰："不有行者，无以为后图。今康先生之生死未可知。"而有为以初二日奉旨出京，次日敦促，先期逃遁，顾嗣同未之知也。御史杨深秀诵太后训政之诏，抗疏以为不可。援引大义，切陈时艰，请撤帘归政。遂偕嗣同及杨锐、林旭、刘光第与有为之弟广仁并就逮。而旭先一夕知不免，则哭于教士李佳白之堂。嗣同既入狱，题壁曰："望门投宿思张俭，忍死须臾待杜根。我自横刀向天笑，去留肝胆两昆仑。"盖怀有为及北京大侠王正谊所谓"大刀王五"者也。遂以十三日斩于市。临刑神色不变，而军机大臣刚毅监斩，嗣同呼之前曰："我有一言！"刚毅他顾不欲听，乃从容就戮。传有《莽苍苍斋诗》二卷、《补遗》一卷、《寥天一阁文》二卷、《远遗堂集外文》二卷，皆所自定三十年以前作。性任侠好事，而与友人书言："人生世间，天必有以困之。以天下事困圣贤、困英雄；以道德文章困士君子；以功名困仕宦；以衣食困庸夫。天必欲困之，我必不为所困，是在局中人自悟耳。夫不为所困，岂必舍天下事与夫道德文章功名货利衣食而不顾哉？亦惟尽所当为，其得失利害未足撄我之心。'强为其善，成功则天'，此孟子所以告滕文公也。可见事至于极，虽圣贤亦惟任之而已。君子坦荡荡，名教中自有乐地，安用长戚戚为哉！"顾嗣同之致命遂志，养之有素，其立身自有本末。而谈者藉为康有为之盛德形容，蔡锷之举兵讨袁，操之有本，在英雄别有襟抱。而论者漫谓梁启超之发踪指示，皮相目论，恶足与语天下士也哉！

蔡锷，字松坡，邵阳人。年十四，补诸生。十七而负笈时务学堂，梁启超主讲席，遂奉手焉。然得启超之心传者少，而受杨度之薰染者为多。杨度，字皙子，湘潭人也。尝受经王闿运，自谓承其平生帝王之学，而留学日本，倡君宪救国之论。而锷稍长亦东渡，入日本士官学校。乡人之中，独与度契。休假日，必饭于度。放言高论，谓"非军国主义不足以救积弱之中国。而近百年来，为一切政治之原动而国制组织之根本者，立宪制是也。为一切军事之原动而国军组织之根本，则义务兵役制是也。两者相反而以相成。自国家言，则立宪制者，求其个性之发展，故自由者，义取诸分，对内者也。义务兵役者，求其团体之坚固，故强制者，义取诸合，对外者也。自人民言，则有与闻政治之权利，即有保卫国家之义务。大君与人民共国家，即可课人民以兵役"。与度之君宪救国论，此唱彼和。于时清政既替，变法无成，海外三岛，志士云集；而抱负不同，各有揭帜。持君主立宪论者，以为"法制既修，政有常轨，君主不过虚器，何必汉人尸名。国步方艰，外侮频仍，苟以革命起衅，必贻瓦解之祸"。大放厥词以为之主者，保皇党之梁启超，而《新民丛报》其喉舌也。不然其说而倡民主立宪者，则曰："治人治法，不可偏废。非我族类，其心必异。"主之者厥为国父，而为之喉舌以与《新民丛报》旗鼓相当者，则有汪精卫、胡汉民等主编之《民报》。而度依违其间，盖其持君主立宪与启超同，而保皇则匪我思存。于是异军突起以创《中国新报》。亦能持之有故，言之成理。而吐属婉约，不激不随，以视《新民丛报》之铺张排比、好为无端涯之词者，意度温文，动人娓娓，一册风行。而国父之自南洋抵东京也，下车之后，首造于度。谈三日夕，欲伸所信而引为同志，而度不以为可。临别而国父喟然曰："吾舌敝而君执之坚。"度谢曰："愧不克承公教。顾有一友，与公英雄所见略同，愿介以见。"国父问何人，曰："黄克强。"而黄兴与国父之相见，则度为之介也。旋归国应经济特科试，列第一。或谗于太后曰："启超之党也。"罢不用。而袁世凯方柄政，力荐度，召对，赏四品京堂，以为宪政编查馆提调，于是度以世凯为举主矣。既而宣统即位，其父醇王摄政，世凯称足疾罢，而度亦浮沉仕不进。及辛亥革命，黄兴以黎元洪起兵武昌，摄政王莫知所为，起世凯督师。朝旨未颁，而度先驰谒世凯，有所陈说。世凯之出也，遣唐绍仪赴沪媾和，而命度南下协赞。度与黄兴雅故，为世凯疏通其意；而和议屡停，以有成言者，度与有力焉。蔡锷与度过从之日久而习闻其言论，及归国，历主湖南、广西、云南总兵事，擢云南三十七协协统。时为辛亥二月，而英人窥我片马以有违言，于是辑《曾胡治兵语录》以申儆诸将。意别有会，则为加按。至曾国藩论"用兵之道，审量而后应之者多胜"一语，则加按曰："兵略之取攻势，固也。必兵力雄厚，士马精练，军资完善，交通便利，四者具而后以操胜算。普法之役，法人国境之师，动员颇速，而以兵力未能集中，军资亦虞缺乏，遂致着着落后，陷于守势以坐困。日俄之役，俄军以西伯里亚铁路之交通，仅单轨，遂为优势之日军所制而以挫败。吾国兵力，决难如欧洲列国之雄厚；而'精练'二字，此稍知军事者能辨之。至于军资交通，两者更瞠乎人后，如此而曰'吾将取攻势之战略战术'，何可得耶。若与他邦以兵戎相见，与其孤注一掷以堕军，不如据险以守，节节为防，以全军而老敌师为主。俟其深入无继，乃一举而歼之。昔俄人之蹶拿皇，用此道也。"观于今日，我国人之坚持抗日，所见略同。而锷烛照几先，论之于二十年前。然抗日军兴，吾与语士大夫，罕有会其意者。吾自来湘，尝告人：中国之对外战争，有两番伟论，皆出湘人，而可以俟诸百世不惑。左宗棠之经略新疆也，俄人责言以陈兵，朝议蓄缩，而宗棠则主先进兵攻俄，引多隆阿之言，以谓："俄越境入中国，所坏者中国地方；我越境入俄边，所坏者俄国地方。俄人须防后路，自不敢一意向前。"语详本传。蔡锷主以守为战，而宗棠则欲以攻为守，乃与自来德国兵家所倡防御须在敌国境内之说，如出一吻。当年左公之雄图大略，与锷此日之操心虑危，相反相映。然而锷知彼知己，其论为不乖于情者也。既而闻黎元洪、黄兴起武昌，遂举云南以应，为都督。顾锷高瞻远瞩，不甘割据偏方为蛮夷大长以自恣娱，而迭电各省都督，力图摧破省界，促成统一，而建设强有力之中央政府，我疆我理，扩张军管区，缩小省行政，其素所蓄积然也。于是和议成，而国父以黄兴与袁世凯有成言，遂逊位而以世凯继任临时大总统。顾以世凯之阻兵安忍，而兴有第二次革命之役，以民国二年据南京声讨。江西都督李烈钧、安徽都督柏文蔚、湖南都督谭延闿、广东都督胡汉民，无不响应，而锷按兵不动。及兴之败，国父亦遁荒在外，而以其年冬电告世凯，请解兵柄为天下先。遂入京，供职统帅办事处，与杨度过从。度论政而锷谈兵，意气如昨。锷言："兵者以战为本，战者以政为本，而志则又政之本。故治兵云者，以必战之志而策必胜之道者也。所谓立必战之志者，道在不自馁。夫强弱无定衡，五十年前之日本，百年前之德国，战败及革命之法国，彼惟不以弱灰心堕气而有今日耳。惟志不立，万事皆休。夫恀于外患者，退一步即为苟安，故古人必刺之以耻，曰'知耻近乎勇'。耻者，馁之砭也。所谓策必胜之道者，道在不自满。昔普之覆于法，盖为墨守菲列德之遗制；而拿翁三世之亡，则在轻视普人之军制。盖兵也者，与敌互为因缘者也。夫习于常胜者，进一步则为虚骄，故古人必戒之以惧，曰'临事而惧，好谋而成'。惧者，谋之基也。必战者，至刚之志；必胜者，至虚之心。贤者负国之重，必以至刚之志，济之以至虚之心，而其入手治兵首在择敌。有迳以至强为敌者，如今之英德法，各有其心目中至强之对，而衡之以整军经武，是也。有先择一易与者为敌，而间接以达其抗拒至强之目的者，昔普欲战法而先试之于奥，伊欲战奥而先试之于俄。盖凡百困难，随一败以俱来，即随一胜以俱去。国家承积弱之势而欲以自振，往往用此。惟有大不可者二焉：一曰甲可战，乙可战，乃既欲战甲，又欲战乙，则大不可。备多者力分也。一则甲可战，乙可战，乃今日欲战甲，明日复战乙，亦大不可。心不战，力不举也。"具详所著《军事计划》一书。总统府内史夏午贻亦以乡人时往还。午贻，字寿田，陕西巡抚夏时之子也。贵公子早擢进士第，以杨度之举而得进于世凯。先是南北议和之屡停也，午贻实以世凯密命，贰保定军官学校校长廖宇春赴上海，与黄兴使者会甘肃路之文明书局。使者以临时大总统为饵，而宇春、午贻则探世凯之旨，以清室为市。宇春、午贻遂请以世凯为大总统，而使者则持之曰："能倾覆清室者为大总统。"讼辩三日而有成言。于是宇春电告段祺瑞，而祺瑞遂率北方将士二十八万人通电以请清帝退位，而世凯遂继国父受任临时大总统。授宇春陆军中将勋三位，所以酬也。宇春则著

《辛亥南北共和纪实》，印播万册以鸣得意。世凯大恶之，遂以投闲置散，而任午贻为内史。午贻机敏有智数，尤善笔札。世凯有所指示，口授滔滔，而午贻则运笔如舌，手不停挥，无溢词，无隐情，世凯倚如左右手。世凯意之所在，他人莫测，而午贻则以日侍左右，独心领神会于语言之表。杨度有推毂之谊，午贻推知己之感，苟有知闻，必以告度。锷日夕过度，而午贻亦与锷上下议论。世凯以午贻侍论兵，谈言微中。一日语曰："君何书生而晓畅戎机？"午贻谢曰："不敢，此蔡松坡之论也。"世凯因言："小站宿将，暮气渐深。而东邻虎视眈眈，实逼处此。不如就南中大将知兵者，授以大任，简练新军，庶可去腐生新，为国扞城。"盖世凯旧练兵小站，所部宿将，惟王士珍、段祺瑞、冯国璋三人，谚以龙虎狗为况，咸见倚畀。然士珍素性淡泊，畏远权势，虽曰知方，而非有勇，雍容雅望，本不足以投大遗艰。祺瑞廉洁自将，行行如也，果于自用，知小而谋大。士珍知柔而不知刚，祺瑞知进而不知退。国璋则贪财好色，位尊而多金，既以平黄兴而抚有江南，徒以醖豢，事世凯为谨，见则嗫嚅，风斯下矣。一旦有急，折冲御侮，孰堪大受？其他碌碌，世凯熟知之矣。辞气之间，颇属意锷。锷之督云南也，谍者报有人劝脱离中央，世凯批"应查"二字，交统帅办事处，亦以为查无实据，束之高阁久矣。及锷来供职，无意见之，心大危疑。而统帅办事处主之者雷震春，亦小站练兵旧人，窥世凯之旨而有忌于锷。谍报文书，为锷所见，莫或使之，若或使之。帝制议起而屡遭侦伺。世凯亦敬而远之，以高官为羁縻矣。然锷志气殊常，非如诸公袞袞之徒以醖豢也，勋业为重，禄位为轻。恒欲得人而匡辅之，挟雷霆万钧之势，以振中国，转弱为强。其弃云南而入觐也，以为世凯之足与有为也。顾世凯帝制自为，未遑远略，不竞于外而以咆咻于中国，专治一切，自便私图，此锷之所不能忍也。于是谒梁启超有所咨商，而微服出京，绕道回云南以谋声讨。世凯以民国四年十二月二十五下令民国五年为洪宪元年，而锷先三日以云南独立。唐继尧以都督任留守，而锷自将三千人出征，称护国军，任总司令。申儆于诸将曰："吾人以一隅而抗全国，庸有觊幸？然此一役也，所争者非胜利，乃中华民国四万万众之人格也。"遂进兵于四川，纳溪之役，失据败绩。然义声所播，举国风从。世凯掉心失图，遂以愤死，为民国五年六月六日也。万夫所指，不仆自僵，民嵒可畏，于斯征矣。于是黎元洪以副总统继任大总统，授锷四川都督，而锷不就。以谓："蜀虽可为，而民情浇薄虚骄，不适于从军。若用外军而屏土著，主客不容，终成水火。加以连年变乱，豪绅良民，多习为盗，恬不知怪。尝谓治蜀非十年不能澄清，谈何容易！必先临以雷霆万钧之力，芟夷斩伐；乱根既尽，民志渐苏，乃煦以阳和之气，扶植而长养之，亦盛业也。然我志不在此。北军朴勇耐劳，为全国冠，惜无国家思想，无军人智能，倘得贤将以董督而训练之，可植国军之基，不如置身彼中以为后图。"顾锷欲舍蜀以事北，而唐继尧则图窥蜀以自广。方锷以孤军入蜀而左次不得进也，世凯遣曹锟、张敬尧等帅师御之，其众十倍于锷，几不支。而继尧不济师，不继饷，坐视胜负。至是乃遣师命将，大举入蜀。锷则以电告曰："我辈应为国家，不为权利，毋负初心，贯彻一致。不为外界所摇惑，不受私昵所劫持，唯义所在，公私两济。今袁氏亦既殒命，不撤兵而进兵，锷愚莫测所以，兵连祸结，何以善后？锷为滇计，为公计，不忍不告。"继尧不听，而锷亦无以制也。顾锷清赢，病肺久，而戎马仓皇，日以沉绵，世凯死而锷亦不支。喑失音，亟解兵以就医日本，而卒无救。遗书谓："少慕东邻强盛，恒持军国主义，而非大有为之君，不足以鞭策而前。今日之政体孰善，尚乏绝端证断。特以袁氏强奸民意，帝制自为，爰申大义于天下，以为国民争人格。湘人杨度曩倡君宪救国论，而附袁以行其志，实具苦衷，较之攀附尊荣者，究不可同日语。望政府为国惜才，畀以宽典。"而于是锷之心事乃大白，欲持军国主义以外御其侮；而不欲拥兵割据，以地方抗中央。志在尊主庇民，整军经武，鹰扬虎视，别有伟抱，岂曰师命惟听，而奉梁启超之一言以称兵者哉？特以所投非主，而不能以义全始终，赍志以殁，识者哀之。后人搜其文章言论，为《蔡松坡遗集》十二册。呜呼！《传》不云乎："君择臣，臣亦择君。"虽共和之成，名义可以无君臣，而大业之建，事实不能无主佐。蔡锷之治兵也，不肯拥兵割据以徇一时风气；然欲以尊重中央而无成功者，以所欲佐者袁世凯也。章士钊之治学也，亦不曲学阿世以徇一时风气，然欲以整齐议士，裁饬学风而无成功者，以始所佐者岑春萱，而后所佐者段祺瑞也。二人者皆好学深思而知四国之为，其所持者是也。然所为择而欲以行其所持者，惜乎非其主也。惟蔡锷反兵以申大义，心迹分明；而章士钊拂时以负众诟，志事不白。此其中亦有幸不幸哉！

章士钊，字行严，长沙人。少读书长沙东乡之老屋。前庭有桐树二，其中稚桐，皮青干直，而士钊日夕瞻对，油然爱生，诵白香山"一颗青桐子"之句，自号"青桐子"。二十一岁，负笈南京，进江南陆师学堂。长沙马晋羲方主讲国文、史地，以乡人子弟抚畜之。总办俞明震，名士擅学问，能奖掖后生，尤重士钊，而治校严。时则南阳公学大罢学，上海《苏报》特置《学界风潮》一栏，推波助澜，恣意鼓吹，士气骤动。中国学生之以罢学为当然，自《苏报》之倡也。一时知名诸校，莫不有事，而陆师亦不免焉。士钊既以能文章弁冕多士，则何甘于不罢课而以示弱诸校。一日，毅然率同学三十余人，买舟之上海，求与所谓爱国学社者合，并心一往，百不之恤。三十余人者，校之良也。此曹一去，菁华已尽。俞明震知士钊为同学少年信赖，函劝不顾；马晋羲先生长者，垂涕而阻，亦目笑存之也。自以为壮志毅魄，呼啸风云，吞长江而涌歇潮矣。然三十余人由此失学者过半，或卒以惰废不自振。中年以后，士钊每为马晋羲道之，追悔无极，曰："罢学之于学生，有百悔而无一成，愚所及身亲验，昭哉可睹。"事在前清光绪二十八年也。方是之时，革命之说渐起，而国父之声名未著。章炳麟、吴敬恒、蔡元培及善化秦巩黄之流，次第张之。巩黄掉臂绿林，潜踪女闾，自为风气，罕与士夫接。而炳麟、敬恒、元培，皆籍爱国学社。炳麟挟《驳康有为书》一册，沾沾自喜。而敬恒擅才辩，安恺第之演说，戏笑怒骂，四座尽靡。元培退然若不胜衣，与之言事，类有然诺而无讽示。士钊既罢学之上海，从诸公游，不可无以自见，独抵掌说军国民之义焉。炳麟则大喜，以为得一奇士也。沧州张继、巴县邹容，则以劫取日本留学监督姚某之辫走上海，亦居爱国学社。继为无政府主义，而容著《革命军》一书，士钊则润泽之。初版签书"革命军"三字，乃士钊笔也。而容以序属炳麟。一日，炳麟携与张继及士钊同登酒楼，痛饮极酣，曰："吾四人当为兄弟，僇力天下事。"炳麟年最长，自居为伯，而仲士钊，叔继，季容。自是士钊弟畜二人，而呼炳麟为兄也。容十九岁，年最幼，而气凌厉出士钊上，卒然问曰："大哥为《驳康有为书》，我为《革命军》，博泉为《无政府主义》，而子何有？"士钊则笑谢之而已。顾自内惭，乃据日本宫崎寅藏所著《三十三年落花梦》为底本，成一小册子，颜曰《孙逸仙》，而自序于端曰："孙逸仙，近今谈革命者之初祖，实行革命者之北辰，此有耳目之所同认。吾今著录此书，而标之曰'孙逸仙'，岂不尚哉？而不然。孙逸仙者，非一氏之所私号，乃新中国发露之名词也。有孙逸仙而中国始可为。天相中国，则孙逸仙之一怪物，不可以不出世。即无今之孙逸仙，吾知今日之孙逸仙之景与罔两，亦必照此幽幽之鬼域也。"其时天下固瞢然莫知国父之为谁何，而上海之与国父有旧者，独一秦巩黄，尤诵而心喜，为之序曰："四年前，吾人意中之孙文，不过广州湾一海盗也，而岂知有如行严所云者。举国熙熙暤暤，醉生梦死，彼独一人图祖国之光复，担人种之竞争。且欲导扬人权于专治之东洋，得非天诱其衷而锡之勇者乎！"炳麟则为题词曰："索虏披昌乱禹绩，有赤帝子断其嗌。掩迹郑洪为民辟，四百兆民视此册。"自是国父名著，播之文章而喧于士夫矣。时国父易名中山樵以避逻者，士钊著录，用孙中山三字，缀为姓字，睹者大诧，谓无真伪两姓骈举为呼之理，然中山之名自此称。会俞明震以清廷命来检察革命党，炳麟及容皆就逮，而士钊得脱，则以明震之厚重之也。士钊既免于难，乃还长沙，随黄兴纠集三湘豪杰，创立华兴会。而联洪帮哥老会以举事，不成，士钊乃亡命日本，走江户。则顿悟党人不学无术而高谈革命，祸至无日，功罪必不相偿。渐谢兴不与交往，则发愤自力于学，而一刮磨少年喜事之习。自是欲以向学持世，而不肯以议论徇人。一意孤行，积与世忤，蹶而不振，兆于此矣。于是黄兴以华兴会并入国父主持之兴中会，合组同盟会于日本之赤坂，中分八部，各司其局。而以"驱除鞑虏，恢复中华，建立民国，平均地权"为信条。会众三百余人，举国父为总理。而士钊则谢不与，兴则固邀而避之一室，动之以情，劫之以势，非署名隶同盟会者不得出。于是者持两昼夜，未获当也。既而士钊之英，入伦敦大学，习政治经济之学。顾最喜者逻辑，又通古诸子名家言，耙栉梳理而观其通。自是衡政论学，罔不衷于逻辑。黄花岗之败，志士骈首，而友人杨守仁同客英伦，闻之，发愤蹈海死。士钊索居黯然，感于诗人"秋雨梧桐"之意，遂易"青"为"秋"焉。其时北京《帝国日报》屡征士钊文，士钊则为英宪各论，皆署"秋桐"二字与之。辛亥八月，革命突起而共和肇造，推国父为临时大总统，奠都南京。然革命党人，所能依稀仿佛以涣然大号者，惟立国会、兴民权，廓然数名词耳。其中经纬万端及中西立国异同本义，殆无一人能言。士钊归自英伦，晤桃源宋教仁于游府西街。教仁以能文善演说而为国父所倚重者也，则坦然相告曰："子归乎！吾幸集子所言，以时考览而明宪政梗概。"出示一册，盖士钊投寄北京《帝国日报》英宪各论，剪裁装册也。于是士钊乃以明宪法，通政情，为革命党人所欲礼罗。吴敬恒、张继、于右任之徒，联翩相造，邀之入同盟会，士钊卒婉谢之。于右任方主《民立日报》，乃委己以听。《民立日报》者，同盟会之机关报也。梁启超尝持君主立宪以与同盟会牾，至是归国而惧不容，扬言于众曰："吾夙昔言立宪者，手段也，吾目的亦为革命。"同盟会不听，而操之益急。顾士钊习于英宪，持论不为赡徇，独谓："政党政治之成功，在于党德。党德云者，即明认他党为合法团体，而听其并力经营于政治范围以内，以期相与确守政争之公平律也。凡一时代急激之论，一派独擅之以为名高，束缚驰骤，异议嗫嚅，垄断天下之舆论而君之，天下大事以定于一时；然理讪而不申，情郁以莫舒，乖戾过甚，卒亦大伤。凡所争执，隐之走入偏私，显之流于暴举。群序既不得平流而进，乃为事势之所必然。十七世纪，英伦之政争记录，凡号为阴谋史或流血史，即以此也。且一党欲其党内之常新，亦岂利他党之消灭？盖失其对待，何党可言？他党力衰，而己党亦必至虫生而物腐也。"一本其平素所笃信而由衷者，质焉剂焉，持说侃侃，以此大趣于国人，然亦以此失同盟会欢。同盟会既改组为国民党，黄兴重邀隶籍，士钊又不许。国民党人大哗，诋为别有用意。士钊发愤弃去，则别出周报以畅欲言、抉政情，凌云健笔，语语为人所欲出而不得出。传诵万口，而署之曰"独立"，所以揭持论不为苟同之旨也。袁世凯既为临时大总统，图专政，而欲藉途宪法以谋称制。既知士钊之通宪法，而闻其不得志于国民党也，招入见，馆之锡拉胡同，礼意稠迭，惟其所欲。所望于士钊者，宪法之主持也。顾世凯则以早起家事清提督吴长庆，因与其子保初过从雅故；而士钊则保初亲女夫，意可属大事也。促膝深谈，具悉所以为帝制者，其计井然，则大骇。宋教仁既见贼，士钊意自危，而尽弃其衣装仆从，孑然宵遁。既抵上海，造黄兴，方图举兵，士钊则袖出讨袁之檄。而与章炳麟先后之武昌，说黎元洪勠力。元洪隐持两端，而二次革命之役猝起。于是国民党乃縆认士钊为政友。清前两广总督岑春萱亦起而声讨世凯以称大元帅，则以士钊为秘书。既不克，士钊亦被名捕，逃日本。知世凯不可与争锋，而欲藉文字以杀其焰，乃组《甲寅》杂志，以民国三年五月十日出版第一期。言不迫切，洞中奥会。国民党人既遁荒海外，而世凯务屏绝之不与同中国。于是士钊晓之以"政力向背论""政本论"。以谓："为政有本，本何在？曰：'在有容。'何谓有容？曰：'不好同恶异。'昔在英儒奈端治天文，断言太阳系中有二力于焉运行。日者，全系之心也。一力吸行星而向之，曰'向心力'；一力复曳行星而离之，曰'离心力'。其后蒲俟士覃精史学，深明律意，以奈端之说可以衡政，极言为政当保持两力平衡之道。其说曰：'社会号有组织，必也合无数人、无数团体而范围之。其所以使此人若团体共相维系，则向心力也；反之若团体因而瓦解，则离心力也。凡曰社会，无不有两力为之主宰。然谓后力可以划除，亦决不能。盖社会者，乃由小团体组织而成。而小团体中之团体，莫不各有其中心，环之而走，无论何之，不尽离宗。则其对于他团体及其个体之为离立，可不俟辨。且社会过大，人心不同，各如其面。利害冲突，意见横生。彼之所以为康乐，此或以为冤苦。缓则别求处理，急则决欲舍去，社会之情，一伤至此，久之，势且成为中坚，所有忧伤疾苦，环趋迸发，群体不裂，又复几何？'夫所谓群体裂者，即革命之祸之所由始也。苟欲祸之不起，惟有保其离心力在团体以内，使不外崩，断无利其离而转排之理。苟或排焉，则力之盛衰，厥无一定。强弱相倚，而互排之局成。倾轧无已，争民施夺，生人之道苦，而国家之大命亦倾。由是两力相排，大乱之道；两力相守，治平之原。民军一呼，满廷解纽。昔日之主张君宪者，无不同情于革命。而吾首义诸君，乃不知利用众山皆向之势，索瑕寻衅，日媒蘖于人以自张。于是离心力之可转为向心力者，既为所排，而国内所有一切离心力，更不识所以位之，使得其所，而日以独申向心力为事。卒之离心力骤然溃决，土崩瓦解。顾今之为政者，既利用国民党之穷追离心力，收之以向己，而人心以得。而惜其不审筹一相当之地，以置不可收之离心力，使运行于法制之内，借图政治调剂之用，而措国家于治平。于是知褊狭者不可以谋国，浮浅者不可与议法也。"语重心长，其论深切著明，为世凯当日发，而实不仅为世凯当日发，盖有慨乎其言之矣。世凯稔恶，既以称帝，梁启超则领袖进步党以与国民党合而声讨。蔡锷者，启超弟子也，有云南首义之功。而岑春萱则入肇庆以称两广都司令，辟士钊为秘书长。启超来会，士钊建议辟新运以别立政统，不复国会。启超韪之，春萱亦以为然。而汤化龙、吴景濂以议长呼朋引类，会上海，以民意相劫持，天下重足而立，春萱、启超慑息莫敢禁。世凯既殂，春萱亦释兵。士钊则劝以从容养望，而自入北京大学讲学，期三年不闻政。春萱惑于人言，而欲恢复国会以收名望，召士钊议行止，士钊力沮之，并言国会黩货长乱，恢复无当人意状。春萱漏言而议士大恨。春萱亦卒走粤，召国会，立军府，而自为总裁。急电相召，无立异议地。士钊则降心相从。自后启超附段祺瑞以征南，而春萱遮蔽民党，用事于粤，士钊实为上佐。言议员宜课资格，受试验。闻者大哗。士钊又在上海揭论，主宪法不由国会订立。其文流传，两院中人指为叛逆；而以士钊之亦议员也，张皇号召，削其籍。又以附之者衡政必曰学理，谥之为"政学系"。时人为之语曰"北有安福，南有政学"，以为大诟。安福者，段祺瑞门下之政客系也。曹锟乘之，用吴佩孚以败段祺瑞。而春萱亦奔走失职。士钊睹事无可为，而疑代议之无补治制，以英国世界代议制之祖国也，乃以十年二月再游伦敦，历访其名士，相与考论。而小说家威尔思、戏剧家肖伯纳，皆于民治有贬词。威尔思约士钊赴别墅，从容谈及中国，慨然曰："民主主义，吾人辩之使无完肤，只须十分钟耳。但其余主义脆弱，且又过之。持辩至五分钟，即已旗靡辙乱。是民主政治之死而未僵，力不在本身，而在代者之未得其道。世间以吾英有此，群效法之，乃最不幸焉。中国向无代议制，人以非民主少之。不知历代相沿之科举制，乃与民主精神深相契合。盖白屋公卿，人人可致，岂非平等之极则？贸然废之，可谓愚矣。吾欲著一书曰'事能体合论'，意在阐明何事须用何能，何能始为何事。事能之间，有一定之选择方法，使之体合。中国民治，其病在事能之不体合也。"为太息者久之。而肖伯纳之所以语士钊者，意尤诙诡，谓："能治人者始可治人。林肯以来，政体有恒言曰：'为民利，由民主之民治。'然人民果何足为治乎？如剧，小道也，编剧即非尽人能之。设有人言'为民乐，由民编之民剧'，岂非不词？盖剧者，人民乐之而不审其所由然；苟其欲之，不能自制，而必请益于我。唯政府亦然。英美之传统思想，为人人可以治国，中国则反是。中国人而跻于治人之位，必经国定之试程。试程虽未必当，而用意要无可议。余所当讲，亦如何而使试符其用耳。"于是士钊之政治信念渐变，遂返国也。会曹锟以直隶督军胁总统黎元洪而逐之，其大将吴佩孚练兵洛阳，申讨军实以为奔走御侮。锟弥洋洋自得，又欲藉重议士，饵诱以选为总统。士钊既未甘以自货，遂遁而之上海。橐笔已久，辄复思论。而自以《甲寅》得大名，欲踵前轨，名仍《甲寅》，刊则以周。招资授事，计议初定而轩波大起。江苏督军齐燮元用吴佩孚之命，起兵以逐卢永祥于浙江。吴佩孚自将大军出山海关以攻张作霖。冯玉祥随吴佩孚出师而有贰志，取间道归以袭北京，取曹锟，而与作霖联军以夹击佩孚，尽俘其众，欲推段祺瑞以主国是。祺瑞失职久，莫知所为，而以士钊能文善论，思请以为谋主。士钊乃置《甲寅》周刊不论而奔命以赴，告祺瑞曰："约法既坏，新法未生，何用总统旧名。西史纪元前，罗马初设民主，署曰公萨，译为执政。请以临时执政名义起事。"于是祺瑞以执政建号北京，而用士钊为司法总长，寻兼教育总长，为十三年十一月也。自以为习熟情伪，奋欲更张，于是涣然号于众曰："吾国兴学已久，而校纪日颓，学绩不举。学生谋便旷废，致倡不受试验之议。即受试矣，或求指范围，或胁加分数，丑迹四播，有试若无。为教授者，以所讲并无切实工夫，复图见好学生以便操纵，虚应故事，亦固其然。他国大学教授，在职愈久，愈见一学之权威，而吾国适得其反。夫留学生初出校门，讲章在抱，虽无成业，条贯粗明。而又朝气尚好，污俗未染，骤膺教职，亦以兢兢。此类人选，他国至多置之研究院内，助教室中，而在吾国，则为上品通才，良足矜贵。何校得此，生气立滋，过此以往，渐成废料。新知不益，物诱日多，内谄学生，外干时事。标榜之术工，空疏化为神圣；犷悍之气盛，一切可以把持。教风若斯，谁乐治学？独念吾国号为文化古国，海通以还，学术之途径日辟。今时述作，将百倍于古而未有已。乃自上海制造局倡议译书以还，垂四五十年，译事迄无进步，而文字转形芜俚。所学不遂，卤莽灭裂。有之，转发不如无书之叹。昔徐寿、徐建寅、华蘅芳、李善兰、赵元益辈，所译质力天算诸书，贯通中西，字斟句酌；由今视之，恍若典册高文，攀跻不及。即下而至于格致书院课艺，其风貌亦非今时硕博之所能几。以云进化，适得其反。耄士以俚语为自豪，小生求不学而名家，黄茅白苇，一往无余。学者自扪，宁诚不怍？而为之学生者，读西籍，既无相称之功能；质本师，又乏可供之著述。几纸数年不易、破碎不全之讲义，尸祝社稷，于是出焉。此云兴学，宁非背道？且大学为学术总集之名，犹之内阁为政治总集之名。内阁有长财政者，不闻称财政内阁；有长司法者，不闻称司法内阁。今大学有农业大学，有工业大学，有法政大学，甚至师范美术，文科中之一部耳，亦独立称大学。干为支灭，别得类名，逻辑所不能通，行政所大不便。部落思想，横被学林。卒之兼课纷纭，师生旁午，学统尽坏，排娼风生。欲图易俗，乃画三策：一、本部设考试委员会，仿伦敦大学成例，学生入学毕业诸试，概由部办。二、本部设编译馆，求各大学教授通力合作，优加奖励，期以新著，播之黉舍，辞理并富，餍人取求。三、合并北京各大学。"骤议之日，士钊持说侃侃，无所避就，莫之能难。然而风声所播，诟谤乃丛。部试诸生，青年尤大不悦。先生长者，阳持阴默而阴和之，潜势极张。宏奖著述，则以为欲甄别教授。而合并各大学，施受之间，暗潮不可终日。士钊又以其间縆刊《甲寅》，论多违俗。于时胡适方主讲北京大学，而以倡新文化称大师，万流景仰，薄海风动。顾士钊则切论之，以谓："新者对夫旧而言之。彼以为反乎旧之即所谓新。今即求新，势且一切舍旧。舍旧，何有历史？而历史者，则在人类社会诸可宝贵之物之中，最为宝贵。今人竞言教育，不知教育者，在以前辈之所发明经验传之后人，使后人可以较少之心力进而益上；不似前人之枉费心力，惨淡经营，以安于一知半解而已。又尝譬之，社会之进程取连环式，其由第一环以达于今环，中经无数环，与接为构。而所谓第一环者，容与今环不同形，其间若渺不属。然诸环之原形，在逻辑依然各在。其间接又间接与今环相牵之故，可想象得之。故今之人而求改善今环，不得不求知原环及以次诸环之情实，资为印证。此历史一科所由立。而知新者早无形孕育于旧者之中，而决非无因突出于旧者之外。盖旧者非他，乃数千年来巨人长德、方家艺士之所殚精存积，流传至今也。新云旧云，特当时当地之人，以际遇所环，情感所至，希望嗜好所逼拶，惰力生力所交乘，因字将谢者为'旧'，受代者为'新'耳。于思想本身何所容心。若升高而鸟瞰之，新新旧旧，盖往复流转于宇舆久间，恒相间而迭见。其所以然，则人类厌常与笃旧之两矛盾性，时乃融会贯通而趋于一。盖吾人久处一境，饫闻而厌见，每以疲茶恼乱，思有所迁。念之初起，必有奋力向外驰去，冀得崭新之异壤。而盘施久之，未见有得。于时但觉祖宗累代之所递嬗，或自身早岁之所曾经，注存于吾先天及无意识之中。向为表相及意志之所控抑而未动者，今不期乘间抵巇、肆力奔放而不自知。所谓'迷途知反'，反者此时；'不远而复'，复者此境，本期翻新，卒乃获旧。虽云旧也，或则明知为旧而心安之，或则昧焉不觉而仍自欺欺人，以为新不可阶，此诚新旧相衔之妙谛，其味深长，最宜潜玩者也。今之谈文化者，不解斯义。一是舍旧，而惟渺不可得之新是骛。宜乎不数年间，精神界大乱。郁郁伥伥之象，充塞天下。躁妄者悍然莫名其非，谨厚者茞然丧其所守。父无以教子，兄无以诏弟。以言教化，乃全陷入青黄不接，辕辙背驰之一大恐慌也。不谓误解'新'字之弊，乃至于此。"顾胡适又欲以欧化易中国，一唱百和，几成国是。而士钊则曰："唯唯，否否，不然。欧洲者，工业国也。工业国之财源，存于外府，伸缩力大。国家预算，得出以为入。故无公无私，规模壮阔，举止豪华。——与其作业相应，无甚大害。而吾为农国，全国上下百年之根基，可得以工业意味罗之者，荡焉无有。无有而不论精粗大小，一为工业国之排场是骛。衣服器用，起居饮食，男女交际，社会运动，言必称欧美，语必及台赛。由放依而驰骋，由驰骋而泛滥，变本加厉，一切恣行无忌。此在国家，势不得不举外债，鬻国产，以弥其滥支帑金之不足；在私人，势不得不贪婪诈骗，女淫男盗，以保其肆意挥霍之无尽。其至于今，图穷匕见，公私涂炭。而冥冥中人道堕坏，凡一群中应有同具之恒德，沦胥以尽。乃至父不得教子，兄无以约弟，夫妇无以相守，友朋无以相信。群纽日解，国无与立。昔有学步邯郸，失其故步，匍匐而归。呜呼，吾人今后，亦求得匍匐而归为幸耳！"好恶拂人，多连少可，人欲得而甘心，遂躁而毁厥居。愤以辞职，意忽忽不乐。因吟白香山《孤桐》诗曰："直从萌芽拔，高见毫末始。四面无附枝，中心有通理。寄言立身者，独立当如此！"因易字曰"孤桐"也。及段祺瑞以十五年四月奔走失职，而士钊一蹶不振，移居天津，尤致力于《甲寅》。或谓："天下事未可以口舌争，胡哓哓以蒙诟召怒为？"士钊应曰："吾行吾素，知罪惟人。若其中散放言，刑踵华士；伯嚭变容，罚同邪党；生命既绝，词旨自空。如其不尔，亦任自然。愚生平不工趋避之义，夙志不干违道之誉，天爵自修，人言何恤！"其年十月，以新出《甲寅》寄上海见示，告续发行。余报以书曰："见寄《甲寅》近期，知文章意气不衰。伏以时论重名誉，而古人称名德。名者公所自有，德则愿以致敬，君子道在自信，积毁几见销骨。德不孤，必有邻也。籀诵再四，为之神往。惟人未厌乱，天不悔祸，十余年来，士君子之宏言傥论，何莫非资大盗以乘权窃国。尊中央，则兆洪宪之帝政；言联邦，又启强藩之割据。民亦劳止，汔欲小休。而乱日方长，天挺人豪，方各肆其聪明才力以祸国殃民。吾侪读书谈道，夜气未楛，盍姑扪其舌，韬其笔，敛吾聪明才智，息事宁人，以毋为助恶长乱耶？仆于是叹诸葛公'淡泊明志、宁静致远'之为雅量渊识也。方其时，刘表以名士牧荆州，博求儒术，关西兖豫学士归者盖有千数。诸葛公以管乐自许，而南阳高卧。密迩州部，征聘不及，淡然有以相忘。'予怀明德，不大声以色'，虽不能至，心向往焉。昔闻左文襄自署楹语于门曰：'文章西汉两司马，经济南阳一卧龙。'未尝不叹左公虚骄之见，而未为知卧龙。龙而已卧，何心经济？而龙之得安于卧、成其卧者，在宁静而不在经济。窃欲改此联'经济'二字为'宁静'，书以相奉。'文章西汉两司马'，固在公有以自信；'宁静南阳一卧龙'，尤祝公善以致远。君子藏器于身，待时而动，何不利之有！与其为桐之孤，召闹取怒，不如为龙之卧，宁神养气也。"然以考试慎选举之资格，以试验重大学之课业，矫厉学风，宏奖编译，虽以召闹取怒于昨昔，而卒创制显庸于方今。功何必自我成，士钊傀有以自慰于迟暮矣。刊有《甲寅存稿》《续稿》。

九、余　论

余著《近百年湖南学风》，而表以十七人。其人有文人、学者、循吏、良相、名将，不一其人，而同归于好学深思；其事涉教育、政治、军谋、外交、欧化，不一其术，而莫非以辅世长民。时限以百年，而上下五千年之演变，缩映于此百年之内；人限于湖南，而纵横九万里之纷纭，导演于若而人之手。其人为天下士，为事亦天下事。倘读吾书而通其意，斯为政不厉民以自养，而论事不生心以害政。张皇湖南，而不为湖南，为天下；诵说先贤，而不为先贤，为今人。呜呼！尼父不云乎："我欲载之空言，不如见之行事之深切著明也。"贾生之著论过秦，而卒言之曰："观之上古，验之当今，参以人世，察盛衰之理，审权势之宜，去就有序，变化有时。"亦非以过秦人也，所以儆汉人也。昔太史公宏识孤怀，意有所郁结不得通，录秦汉，略迹三代，上纪轩辕，曰以"成一家之言"，而人当作《史记》读，心知其意之无其人，故曰"藏之名山"。余亦有别识心裁，寄意是书，略人之所详，扬人之所抑，以自明一家之学；而人或作方志读，心知其意之期来者，亦只俟之其人。吾所不知，盖阙如也。以言方志，吾漏正多。而读太史公书作《史记》，徒见不该不备而已。太史公原始察终，以史之体为诸子；吾则欲取精用宏，通子之意于传记。

或有问于余曰："王先谦与王闿运骈称二王，亦一时显学，成书数千卷，而著籍弟子且千人。吾子斐然有述，何遗此一老耶？"余应之曰："唯唯，否否，不然。"昔王益吾先生以博学通人督江苏学政，提倡古学，整饬士习，有贤声。余生也晚，未及望门墙；而吾诸舅诸父以及中外群从，多隶学籍为门生者。流风余韵，令我低徊。然文章方、姚，经学惠、戴，头没头出于当日风气，不过导扬皖吴之学，而非湘之所以为学也。余私家著书，不同官书，别识心裁。太史公书自有孤怀，而不欲以苟徇声气。王闿运之人之学，老辈颇多绳弹，然有其独到以成湘学。益吾先生，博涉多通，不啻过之，而无独到。曩者吾乡丁仲祜先生尝为余言："乡先辈治经，外行不入格。"余意殊不平，谓："君之所谓外行不入格者，特以吾锡先辈治经，不合休宁、高邮辙迹耳。然不依傍人户，异军突起，自有独到。如高攀龙之理学，绳以朱子之道问学，固为外道；而揆之阳明之致良知，亦未遽为入格也。然不入格而可以开宗。学亦多术矣：有外行而不害为名家通人者，如吾锡高攀龙之理学，不程、朱，不陆、王。顾栋高之治《春秋》，秦蕙田之于《礼》，非休宁、高邮，亦非苏州、常州。而顾祖禹之史学，不同当日之浙东，亦殊后来之嘉定，皆不害为博学通人也。有内行入格而只成曲学者，如俞樾诂经证子，毛举细故，自诩精识，以休宁、高邮张门户，其实以《经籍纂诂》一书作兔园册子而已。"仲祜无以难也。王闿运文章不为桐城，今文经亦非当行，然能开风气以自名家。益吾先生，文章桐城，训诂休宁，无不内行入格，然不能名家。而在吾苏，则贤学政也。异日江苏通志名宦传，必有一席，岂借拙著一小册子以为重耶？

或又曰："子江苏人也，暂被兵侨寄于此，而不惮烦而张皇湖南以成书耶？"余则应之曰："余江苏人也，抑中国人也。江苏岂能外中国而独立？则吾何可限方隅以自囿？吾中国而有若胡文忠、曾文正、左文襄诸公，宁学圣贤而未至，不可违道以干誉；宁以一夫之不被泽为己疾，不以宠利居成功。鞠躬尽瘁，死而后已。可以仪刑于百世，岂徒一方之豪杰也！吾此日在湘言湘，昨昔在苏言苏，亦尝为江苏教育厅撰写江苏学风，远溯顾炎武、陆世仪，近不遗徐寿、华衡芳，而归之实事求是，遗外声利，亦欲以景行前徽，匡饬时贤。然而谈者徒称其博闻多识，罕会其苦心危言。语曰'买椟还珠'，非珠之罪也。余讲苏学，称顾炎武、陆世仪，而不称钱大昕、阮元。以博闻强识，而动众徒以谀闻也。余讲乡学，称高攀龙而不称顾宪成，以门户声气，而东林所由托始也。世之谈学风者，多举东林以为咨询，而余不置对。非不能对也，方明之衰，士大夫好议论，不顾情实；国家可毁，而门户不可毁，异己必除，而客气不可除。党同伐异以为把持，声气标榜以为结纳，而义理不以饬躬行，问学不以经世用。及其亡也，法纪荡然。武人跋扈，文人未尝不跋扈，而矜意见，张门户，以庠序为城社，以台谏为鹰犬。恩怨之私，及于疆场，不恤坏我长城以启戎心。国事愈坏，虚誉方隆。而东林讲学实阶之厉。始作俑者，顾宪成焉。余宁为王夫之之荒山敝榻，没世不称，而不为顾宪成之籍甚群彦，言满天下。没世不称，庶几自葆其在我；言满天下，几见不以学徇人？处今日学风之极敝，而揭帜东林以为号，徒以长虚骄浮夸之气，而无救于世柾。顾宪成身在江湖，心存魏阙，结党合誉，实繁有徒，而气矜之隆，见道日浅，不如高攀龙之处变若定，死义从容，自言：'一生学问，至此亦少得力。'然就今日而言理学，与其讲高攀龙，不如讲陆世仪。精微不如，而切实过之。切实可以救虚夸，精微不免为游谈也。明末以遗老为大儒者，李颙学究气，独善其身，术未能以经国。黄宗羲名士气，大言不怍，行不足以饬躬。王夫之槁饿荒谷，志行坚卓，又苦执德不宏。惟陆士仪、顾炎武，明体达用，有本有末，而又淡泊明志，不事驰骛。顾炎武博学于文，行己有耻，可以窥汉儒之真；陆世仪义理悦心，兵农济世，可以匡宋学之偏。真知灼见，身体力行，私心淑艾，窃愿景行。今日士风已偷，师道不立。曾子有言：'尊其所闻，行其所知。'而在道丧文敝之今日，行炫自耀，亦既无闻可尊，抑且何知可行？道听途说，惑世诬民，无事则聚徒合众，放言高论，闻警则掉心失图，逃死不遑。古人以忧患动心忍性，今人以忧患幸生丧志。平日侈谈之学问经济，文章道德，一旦大难临头，未有片语只字可以镇得心住，振得气壮。而丧乱孔多，以迄于今，寇深国危，土崩鱼烂，人民死亡奴虏以数千万。而庠序如林，师生如鲫，几见有明耻教战，引以己任，见危授命，视曰分内？多难古有兴邦，殷忧今未启圣。而闹学罢教，纷纭如故，玩日愒月，泄沓如故。既以讲学弋声利，又视旷课为寻常。行身以放浊为通而狭节信，受任以望空为高而笑勤恪。安得陆、顾其人生于今日，义理悦心，行己有耻，树之坊表以立懦廉顽！"余虽为之执鞭，所忻慕焉。

（据岳麓书社1985年版修订整理）

《古籍举要》序

　　长夏无事，课从子钟汉读番禺陈澧兰甫《东塾读书记》，时有申论，随记成册。其中有相发者，有相难者，每卷得如干事，尽四十五日之力讫事。陈氏以东塾名其庐；而仆课子弟读书之室，会在宅之东偏，遂以"后东塾"名吾室；而董理所记，都十七卷，署曰《后东塾读书记》，而古籍之精要者粗举；以与《陈记》，合之则互为经纬，而分之则各成篇章，庶几并行不废云。

　　陈氏何为而作《东塾读书记》也？曰以救敝也。曷言以救敝也？清儒喜言东汉许、郑之学，至嘉、道之世，极炽而敝。于是专求古人名物制度训诂书数，以博为量，以窥隙攻难为功；其甚者欲尽舍程、朱而宗汉之士，枝之猎而去其根，细之搜而遗其巨；物极必反，穷而思通；于是有西汉今文之学兴。自武进庄存与方耕始治《公羊》，作《春秋正辞》，渐及群经；其为学务明微言大义，不专章句训诂之末。一门并承其绪，其外孙刘逢禄申受及长洲宋翔凤于庭复从而张之；海内风动，号为常州学派。一衍而为湖南之王闿运壬秋、四川之廖平季平，以《公羊》言礼制。又一衍而为广东之康有为长素、梁启超任公，以《春秋》

177

言经世。此一派也。其又一派，则兼综汉、宋，不为墨守，以为清学出朱子之道，问学以上窥许、郑；又谓汉儒亦明义理；力祛汉、宋门户之见。于是南海朱次琦子襄及陈澧开宗于粤。义乌朱一新鼎甫、定海黄以周玄同桴应于浙，前唱后喁，蔚成学风。二者之为学不同，而要归于救汉学之碎则一。陈澧晚年著《东塾读书记》二十五卷，其中卷十三《西汉》，卷十四《东汉》，卷十七《晋》，卷十八《南北朝隋》，卷十九《唐五代》，卷二十《宋》，卷二十二《辽金元》，卷二十三《明》，卷二十四《国朝》，卷二十五《通论》，凡十卷，则搜采汉、晋以后诸儒粹言至论，有目无书。独卷十三《西汉》补刊别行；而世所流传者，通行本十五卷，乃寻求群经大义及其源流正变得失所在；遵郑康成《六艺论》，以《孝经》为道之根原，六艺之总会，而冠于编；学《易》不信虞翻之说；学《礼》必求礼意；次考周秦诸子流派，抉其疵而取其醇；其次则表章郑学、朱子，骈称并赞，以明沟通汉、宋之旨；盖隐比顾亭林之《日知录》。然而有不同者。亭林之纂《日知录》，旨在经世。而澧之为《读书记》，专崇讲学。亭林言经学即理学，将以实事求是，救王学之空。而澧明汉学通宋学，欲以疏通致远，砭清儒之碎。前有自述一篇，中称"读郑氏诸经注，以为郑学有宗主，复有不同，中正无弊，胜于许氏《异义》、何氏墨守之学。读《后汉书》，以为学汉儒之学，尤当学汉儒之行。读朱子书，以为国朝考据之学，源出朱子，不可反诋朱子。尤好读《孟子》，以为孟子所谓性善者，人性皆有善，荀、杨辈皆未知也。又著《汉儒通义》七卷，谓汉儒善言义理，无异于宋儒。宋儒轻蔑汉儒者非也。近儒尊汉儒而不讲义理，亦非也"。可以觇生平宗尚之所在焉。

《无邪堂答问》五卷，义乌朱一新鼎甫撰。一新，光绪丙子恩科曹鸿勋榜下进士，累官陕西道监察御史，以疏劾内侍李莲英，懿旨诘责，降官主事。两广总督张之洞延为肇庆府端溪书院山长，寻入广州，为广雅书院山长，为定院规，先读书而后考艺，重实行而屏华士；仿古颛家之学，分经史理文四者，延四分校主之。诸生人赋以日记册，质疑问难，以次答焉，成就甚众；因辑录讲论之词，成《无邪堂答问》五卷。尝谓进德莫先于居敬。修业莫先于穷理。穷理必兼学问思辨。学问者，格致之事。思辨者，由致知以几于诚正之博而反约；则居敬尤要。故院中生徒有聪颖尚新奇者，必导而返诸正大笃实。其论学术，谓"近世汉与宋分，文与学分，道与艺分。岂知圣门设教，但有本末先后之殊，初无文行与学术治术之别"。又以道、咸以来，士大夫好讲西汉《公羊》之学，流弊至于蔑古荒经，因反复论难以正其失，至论西学、耶教、新疆、铁路、吉林边防数十条，亦复洞中窍会。傍晚纳凉庭中，与诸儿论次及之，以为《答问》，可配陈澧《东塾读书记》。倘学者先读《陈记》以端其向；继之《答问》以博其趣；庶于学问有从入之途，不为拘虚门户之见。儿子钟书因言："《答问》与《陈记》同一兼综汉、宋；若论识议闳通，文笔犀利，则《陈记》远不如《答问》！"余告之曰："不然，陈君经生，朴实说理，学以淑身。朱生烈士，慷慨陈议，志在匡国。《答问》文笔议论，远胜陈君，信如所论。然《答问》之体，适会多途，皆朱生当日应机作教，事无常准，《诗》《书》互错综，《经》《史》相纷纭，义既不定于一方，学故难求其条贯；又其言皆有为而发，非于晚清学风史实，烂熟心胸，未易晓其端绪；不如陈君《读书记》之部居别白，牖启途辙，论议尽欠雄骏，开示弥征平实。又贤圣应世，事迹多端，随感而起，故为教不一。陈君宿学，但见戴学末流之虮琐，故欲救之以通；而于《公羊》有发挥，亡贬绝。朱生晚出，及见康氏今文之狂诡，更欲讽之于正，而于《公羊》多驳难，少赞扬。此其较也。"钟书因言："见朱生《佩弦斋文》，中有与康长素《论学》《论书》诸书，皆极锐发。"又谓："朱生自诩'人称其经学，而不知吾史学远胜于经'。"大抵朱生持宋学以正汉学，盖陈君之所同趣；而治经学以得史意，则陈君之所未到。又其较也。闭户讲学而有子弟能相送难，此亦吾生一乐。唯连日身体又剧不适，殊为美中不足耳。时在中华人民造国之十九年八月，无锡钱基博记。

（原载于《古籍举要》，上海世界书局1933年版）

近五十年许慎《说文》学流别考论

　　十一月十五日夜，吴君公之来，谭《说文》，而盛推闽人林义光《文源》一书，杨、陆二生旁侍闻焉。或疑莫明也，因述近五十年许慎《说文》学流别考论，而诏以许学研治之途焉。

　　言小学者，兼文字之形、声、义三者而言。许慎《说文解字》，则形书也。自叙历举古文、奇文、大篆、小篆、隶书、刻符、虫书（汉曰鸟虫书）、摹印（汉曰缪篆）、署书、殳书、草书之十一体；而著见者三种：一古文，二大篆，三小篆。其自序称"太史籀著大篆十五篇，与古文或异"；可见其大体不离古文，而改者少也。又称"秦始皇帝兼天下，李斯作《仓颉篇》，赵高作《爰历篇》，胡母敬作《博学篇》，皆取史籀大篆或颇省改"；则所改颇多，然"颇"字之上，加以"或"字；可见小篆之于古籀，或仍或省改而不必尽省改。其仍者十之七八，省改者十之一二而已。许君书叙篆文，合以古籀。"仍"则小篆皆古籀也，故不更出。"省改"则古籀非小篆也，则更出曰"某古文某"或"籀文某"；如"弍古文一"，"蓐：籀文蓐从茻"之属，是也。此外又有所谓"奇字"者，《说文》仅两见；"儿"下云："古文奇字人也。""无"下云："奇字无也。"叙所称

"即古文而异"者也。然自清儒据出土之金文，斠《说文》之字体；而阐许学者乃辟一新途焉。

按许君书叙称："古文，孔子壁中书也。壁中书者，鲁恭王坏孔子宅，而得《礼记》《尚书》《春秋》《论语》《孝经》，又北平侯张苍献《春秋左氏传》。郡国亦往往于山川得鼎彝，其铭即前代之古文，皆自相似；虽叵复见远流，其详可得略说。"然则考文者搜山川之鼎彝，证六书之古籀；固许君之家法也。汉以后，彝器之出，自宋始盛。而宋人所录金文，其书存者，有王俅、吕大临、薛尚功诸家；而以薛尚功《历代钟鼎彝器款识》为最著。然薛氏之旨，在于鉴别书法，而非斠校许书。迨清之乾、嘉，言许学者大盛。《说文》十四篇校订注释考证之作朋兴；而研讨篆籀，多搜证于鼎彝。仪征阮元遂集诸家拓本，赓续薛书，纂《积古斋钟鼎彝器款识》。南海吴荣光有《筠清馆金石文录》，亦以金文五卷冠首。阮氏所录既富，又萃一时之方闻邃学，以辨证其文字，故其考释精确，率可依据；吴氏释文，盖仁和龚自珍所纂，孤文碎谊，偶窥扃奥，自诩冥合仓籀之指；而凿空驰缪，见讥方来，往往有焉。道、咸以后，名家者，有海丰吴式芬、淮县陈介棋、吴县潘祖荫、吴大澂及福山王懿荣等。而式芬有《捃古录金文》，介祺有《盦斋集古录》，祖荫有《攀古楼彝器款识》，大澂有《愙斋集古录》，搜采咸称精博；而其考释文字，多一时师友互相赏析所得，非必著者一人私言也。惟古器日出，时多异文；而考文者，其初援许以释器，继乃因器以疑许。于是庄述祖撰《说文古籀疏证》，吴大澂撰《说文古籀补》，瑞安孙诒让撰《古籀拾遗》《古籀余论》，以及晚近闽人林义光撰《文源》、黄县丁佛言撰《说文古籀补补》；所不知者，盖尚缺如。而依据金文，订补许书，遂蔚成一时之风尚焉。夫许君得山川鼎彝以证古文；而近儒即据后出彝器以难许书，乃云："李斯作篆已多承误，叔重沿而不治。"独余杭章炳麟博学通人，不喜时论，信许书以不祧，陈彝器之可疑，作《理惑论》（见《国故论衡》上卷），尤曰未足，重著其说于《文始》叙例。自是谭小学者有宗许、订许之殊。盖章炳麟者，固宗许之大师；而订许之名家，并世当推上虞罗振玉、海宁王国维二氏。

然罗、王二氏之所以订许者，又非鼎彝而为甲骨。甲骨者，光绪戊戌己亥间，河南安阳县西北五里之小屯洹水崖岸，为水啮而崩，得龟甲牛骨，镌古文字。罗氏考其地环洹水三周而居，即《史记·项羽本纪》所谓"洹水南，殷虚也"；因名所得曰"殷虚甲骨文"，谓殷商贞卜文字之遗也。福山王懿荣、丹徒刘鹗始收藏之。而刘氏为夥，选拓成书，曰《铁云藏龟》，凡十册。后鹗死，英人哈同得其所藏八百片，影行《戬寿堂所藏殷虚文字》一卷，则又出《铁云藏龟》之外者也。然尚不如罗振玉所藏之为尤夥。传者谓有三万片。其拓墨影行成书者，有《殷虚书契》前编八卷，后编二卷，《殷虚书契菁华》一卷，所刻皆殷先王卜占、祭祀、征伐、行幸、田猎之事；其文事之数，比彝器尤多且古；故裨益于文字学者尤大。惟事类多同，故文字亦有重复。《铁云藏龟》未及别白；而罗氏之编，则分别部居，祛其重复；精审固视《铁云藏龟》过之。而瑞安孙诒让先就《铁云藏龟》考其文字，成《契文举例》二卷；而《名原》之作，亦多根据甲文；虽创获无多，而殷虚文字研讨之途，实自孙氏发之。然亦不如罗振玉、王国维之后来居上。振玉有《殷商贞卜文字考》《殷虚书契考释》《殷虚书契待问》。国维有《戬寿堂所藏殷虚文字考释》。而其中足以订补许书者约有五事：一曰"甲骨文之不见《说文》者几及千字，可以补许氏之所未备"也。二曰"甲骨文之与《说文》形体不同者，可以斠正许氏之讹"也。三曰"甲骨文有与大篆、小篆相同者，可以证籀斯之或异或颇省改，不过董理前文，而匪师心自用，仍旧贯者亦不少"也。四曰"甲骨文之象形，恍若图画；可以悟象形之所由名"也。五曰"甲骨文之会意，有殊体而实一字者（例如牢之从牛从羊，或殊体而实一字），亦可以拾许氏之遗也"。论者多以为发千古之秘藏。独章炳麟尤盛疑之，谓："《周礼》衅龟，未闻铭勒，其余见于《龟策列传》者，乃有白雉之灌，酒脯之礼，梁卵之祓，黄绢之裹；而刻画书契无传焉。夫骸骨入土，未有千年不坏。埊质白盛，其化非远。龟甲何灵，而能长久若是哉？"（见《理惑论》）然则地藏所发，订许者崇为鸿宝，宗许者疑为赝器，取舍不同，亦势然也。

惟章炳麟之治小学，实以音韵为骨干，通其殊变；然形体或非所长；独推称邯郸淳书《正始三体石经》，谓："通许氏字指，其间殊体，庶可采录。"（见《文始叙例》《理惑论》）而其以《三体石经》订正许书传写之讹者，则有无锡丁福保得洛中新出土拓本六页，以证许书之"甲"从"十"而非"𠄌"；"𡆆"为"由"而非"甾"；"四"之古文为"𦉭"；"文"之古文从"心"。其大指以为："十为古文甲字，即押字，今田父野老尤习用之。《石经尚书》有'祖甲''大甲'两'甲'字，皆作

184

''；而后知《说文》'甲''早''卓'等字体作''不作''之为传写讹也。说文'苗''迪''胄''笛''宙'等三十一字皆从'由'，而正文无'由'字。今按《石经尚书》'非克有正迪惟前人光'，无不可信，'我迪惟宁王德延'，凡'迪'字中之'由'皆作''；而后知《说文》卷十二下''，'东楚名缶曰由，象形'，'缶''由'声近，正合方言音转而变；而大小徐以''作'䍃'，音'侧词切'者误也。孙诒让《名原》谓：《说文》'四'字，古文作''，籀文作''，考金文、甲文皆作''；要以积画为近古，未必皆出史籀后。疑''为古文，''为籀文，许书传写误易耳。今考《三体石经》，古文'四'字正皆作''；而后知孙说之不刊。吴大澂《字说》谓：《尚书》'宁人'之'宁'，乃'文'字之误；历举古文'文'字有从'心'者，与'宁'字相似。今考《石经》'宁'之古文，确可为'文'字之变形；而后知吴说之不刊。"（见《说文解字诂林后序》）虽声名不如罗、王二氏，然亦当代订许之一家也。然丁氏之所以订许者，取资于《三体石经》者少；而资之唐僧慧琳、辽僧希麟正续《一切经音义》引许书者实多。据以补《说文》逸字，补《说文》说解中夺字，补《说文》说解中逸句，订正《说文》说解中删改之句，订正《说文》说解中传写之讹，考证《说文》"某声"，具见《一切经音义汇编自序》。惟丁氏之旨，在雠正许书写刻之讹夺而已。与庄述祖、吴大澂以下诸人之致难于许者意又有殊。丁氏诵许书三十年；搜藏许学之书，自南唐大小徐以讫挽近章炳麟、罗振玉、王国维诸家，积七百余卷；依许书次第，逐字编注，纂《说文解字诂林》

五百余卷，而孜矻未有已。盖吾乡人之劬于许学者，莫之或先也。余籀诵许书，未遑博涉，粗述诵览，明其流变，以当启蒙而为是篇。

（原载于1926年《清华周刊》第24卷11号）